# Marketing

## Um desafio incontornável para as

# Microempresas

# Marketing

## Um desafio incontornável para as Microempresas

Raquel Reis Soares
Carmo Leal
Márcia Herter

TÍTULO ORIGINAL
*Marketing – Um desafio incontornável para as Microempresas*



AUTORES
Raquel Reis Soares, Carmo Leal, Márcia Herter



CONJUNTURA ACTUAL EDITORA
Sede: Rua Fernandes Tomás, 76-80, 3000-167 Coimbra
Delegação: LEAP CENTER – Espaço Amoreiras
Rua D. João V, n.º 24, 1.03
1250-091 Lisboa – Portugal
e-mail: editoras@grupoalmedina.net

CAPA
Paper Talk

PAGINAÇÃO
Aresta Criativa – Artes Gráficas

IMPRESSÃO E ACABAMENTO
ARTIPOL - www.artipol.net
Outubro 2019

DEPÓSITO LEGAL
462821/19



ACTUAL | GRUPOALMEDINA

***Biblioteca Nacional de Portugal – Catalogação na Publicação***

SOARES, Raquel Vanessa Reis Silva Ferreira, e outros

Marketing: um desafio incontornável para as microempresas / Raquel Reis Soares, Carmo Leal, Márcia Hertrer. – (Fora de coleção)
ISBN 978-989-694-396-7

I – LEAL, Maria do Carmo Barradas
II - HERTRER, Márcia

CDU 658

# ÍNDICE

# ÍNDICE DE IMAGENS

# ÍNDICE DE FIGURAS

# ÍNDICE DE TABELAS

RAQUEL REIS SOARES é, atualmente, Dean da Faculdade de Ciências Empresariais e Sociais da Universidade Europeia e professora na mesma instituição desde 2015. Lecionou na Universidade de Aveiro, na área do Marketing, entre 2008 e 2015, tendo iniciado o seu percurso profissional no setor bancário.

Doutorou-se em Ciências Empresariais com especialização em Marketing e Estratégia pela Faculdade de Economia da Universidade do Porto. É mestre em Marketing e licenciada em Gestão de Empresas pela Faculdade de Economia e Gestão da Universidade Católica.

É Associate Member do CIEO – Research Centre for Spatial and Organizational Dynamics – Universidade do Algarve e tem interesses de investigação, apresentações em conferências e publicações internacionais nas áreas de marketing de serviços, comportamento do consumidor, gestão e comunicação da marca.

CARMO LEAL é professora auxiliar na Universidade Europeia, onde tem a coordenação da área do Marketing.

Doutorada pelo ISCTE, com tese na área do Marketing Social, e mestrado em Gestão pela Universidade Católica, tem participação e, vários estudos e projetos na área do Marketing e publicações em várias revistas científicas.

MÁRCIA MAURER HERTER é, atualmente, professora na Universidade Europeia. Realizou um pós-doutoramento em Marketing na IE Madrid. Doutorou-se em Marketing pela Neoma Business School (França) tendo realizado períodos de visiting nos EUA e no Canadá. Possui um Mestrado em Pesquisa de Marketing pela Université Pierre-Mendès France e uma Licenciatura em Administração pela Universidade Federal do Rio Grande do Sul (Brasil). A sua investigação centra-se nas áreas de Comportamento do Consumidor, Branding, Marketing Sensorial, Consumo Sustentável e Marketing Social, tendo já publicado em diversas revistas científicas internacionais e em conferências académicas internacionais.

Genaro Galli

*Diretor de Pós-Graduação e extensão da ESPM Sul, desde 2008.*
*Professor titular da disciplina de Marketing Estratégico do MBA da ESPM.*

# MARKETING DESCOMPLICADO PARA PEQUENAS EMPRESAS

A publicação de um livro de marketing orientado para micro e pequenas empresas é de extrema importância. Atualmente, 99% das empresas existentes no Brasil são classificadas como micro ou pequenas, segundo dados do SEBRAE (Serviço Brasileiro de Apoio às Micro e Pequenas Empresas), realidade semelhante à de Portugal onde aproximadamente 96% das organizações são microempresas conforme dados do INE (Instituto Nacional de Estatística).

Entretanto, somente uma minoria dos gestores consegue aplicar com propriedade os conceitos de marketing em seu dia a dia profissional. Apesar da popularização do tema, há um distanciamento da aplicação dos conceitos de marketing entre as empresas de grande porte e as empresas de micro e pequeno porte. Esta diferença não ocorre somente pela capacidade de investimento e dos recursos disponíveis. Ela se dá muitas vezes pela falta de compreensão dos empresários de como aplicar tais conceitos dentro da sua realidade, bem como pela falta de priorização de uma visão mercadológica de longo prazo, pois as rotinas diárias da empresa acabam consumindo muito tempo.

Diante desta realidade, este livro oferece ao leitor uma oportuna e relevante abordagem orientada a empresas de micro e pequeno porte. Por meio de uma linguagem de fácil compreensão, exemplos práticos e ilustrados com casos de empresas reais, a obra promove o desenvolvimento de uma visão mercadológica. Através de uma leitura fluida, os empresários irão perceber que já aplicam algumas teorias de marketing na sua rotina. Porém, para extrair um maior potencial do marketing é fundamental ter um entendimento mais profundo dos conceitos, permitindo assim a aplicação integrada e sinérgica das teorias e ferramentas disponíveis. Esta abordagem estratégica resulta em um crescimento sustentável do negócio, diferentemente da aplicação de ações pontuais que não irão necessariamente impactar em resultados significativos.

Para desenvolver tais conhecimentos, recomendo a leitura do livro na sequência natural apresentada pelas autoras. Inicialmente, o leitor irá compreender como o marketing se conecta ao atual contexto que vivemos. As inovações tecnológicas e todo o movimento da Indústria 4.0 geram profundas mudanças nas relações de consumo. Diante deste contexto de transformação surge um novo consumidor mas também novos modelos de negócios focados na lógica de criação e entrega de valor. O livro também detalha a abordagem de marketing estratégico e marketing operacional. O marketing estratégico pressupõe um planejamento com olhar de médio e longo prazo, feito com base em análises consistentes do ambiente externo e interno. Este olhar analítico irá fomentar subsídios para a construção do planejamento estratégico de marketing, ou seja, um conjunto de estratégias planejadas e definidas com base em dados e fatos.

As decisões estratégicas de marketing iniciam com a definição dos segmentos alvos e do posicionamento, ou seja, os perfis de clientes que a empresa deseja atender e a definição de como a empresa pretende ser percebida pelo mercado. A partir da definição das estratégias de marketing, o livro segue com a proposição das variáveis operacionais de marketing, conhecidas como marketing mix ou popularmente chamados 4 Ps. As ações relacionadas à Produto/Serviços (*Product*), Preço (*Price*), Distribuição (*Place*) e Comunicação (*Promotion*) são as ferramentas de marketing que o gestor pode manusear para criar ações que atendam os seus segmentos alvos e auxiliem na construção do posicionamento traçado. Além das ferramentas clássicas de marketing, são apresentadas também ações contemporâneas de comunicação digital.

Enfim, caro leitor, este prefácio é apenas uma pequena amostra do que virá durante a leitura do livro. A forma como estão ordenados os capítulos deste livro e as explicações didáticas atreladas a casos de empresas reais permitirão o entendimento de como aplicar as teorias e ferramentas de marketing estratégico no contexto de micro e pequenas empresas. O propósito maior é desenvolver nos gestores uma atitude de orientação para o mercado, para que tenham habilidade de comandar seus negócios com estratégias claras de longo prazo e capacidade de executarem ações mercadológicas de curto prazo. Tenho certeza que será uma leitura prazerosa e muito produtiva.

Sérgio Vieira
*Co-fundador e CEO da 360imprimir*

# COMUNICAÇÃO DE MARKETING, O TRUNFO DAS MICROEMPRESAS

Ao longo destes anos, tenho acompanhado as histórias de muitos dos nossos clientes. É com satisfação que os vejo crescer, à medida que vão aumentando e melhorando os seus recursos em marketing. Acredito que esta evolução está a par com o crescimento da 360imprimir, uma empresa criada em 2013 por 6 jovens e com um capital reduzido, tal como tantas empresas quando começam.

Este nosso sucesso prende-se, em larga escala, com o facto de contribuirmos para os esforços de marketing de muitas outras empresas, assentando em princípios que são, eles próprios, uma concretização da atitude marketing:

(i) oferta de produtos e serviços com excelente relação qualidade/ /preço;
(ii) entregas rápidas;
(iii) uma comunicação clara e constante.

Estes três vetores permitiram já satisfazer mais de 1 milhão de clientes, sobretudo microempresas e profissões liberais. A estes ingredientes, juntamos uma equipa muito focada no serviço ao cliente.

A oferta da empresa que ajudei a criar – a 360imprimir – é bem reveladora da importância do marketing, independentemente da dimensão da empresa. O crescimento e desenvolvimento deste projeto ajudou a desmistificar algumas ideias preconcebidas como a de que "*o marketing é só para grandes empresas com elevados orçamentos*" ou "*apenas grandes empresas têm especialistas de marketing*".

Na realidade, os milhares de microempresas com quem trabalhamos percebem que a produção de material publicitário destaca a sua presença no mercado e que devem procurar as ferramentas necessárias para construir e reforçar a notoriedade das suas marcas, quase sempre à distância de um clique e de escassas dezenas de euros.

A democratização de material de publicidade em geral, como material de escritório e essenciais, produtos para feiras e eventos, material de suporte à venda e de decoração do ponto de venda e, a médio prazo, de apoio à presença online, permitem às empresas com poucos recursos financeiros não se perderem num mar de indiferenciação, em mercados competitivos onde, quase sempre, quem não se vê, não existe.

É por tudo isto que, na minha qualidade de empreendedor, vos deixo um conselho final: vale a pena ler este livro, que muito vos ajudará a delinear estratégias de marketing necessárias em mercados dinâmicos e competitivos. Porque o marketing deve estar acessível a qualquer organização e os bons produtos e serviços precisam de ser divulgados. **Na verdade, o que não se conhece, não existe e quem não existe não é procurado.**

# 1. O MARKETING NO CONTEXTO ATUAL

No âmbito do mundo dos negócios, há poucas áreas tão mal compreendidas e sujeitas a mitos como o Marketing, ainda que alguns desses mitos acabem por ser largamente difundidos pelos próprios responsáveis de marketing. Marketing cria necessidades para os consumidores? Marketing convence as pessoas a comprarem o que não desejam? Alguns destes mitos comprometem significativamente não apenas o resultado das iniciativas, como a própria propensão e atitude dos *marketers* no que se refere aos esforços de marketing.

Por isso, atualmente, o estudo do marketing é essencial para criar, comunicar, entregar e trocar ofertas que tenham valor para os consumidores e para a sociedade em geral. Ou seja, os produtos oferecidos a um mercado precisam de criar valor – valor não é preço alto, mas a capacidade de satisfazer a necessidade dos consumidores – não apenas para os consumidores, que irão beneficiar com o consumo deste produto, mas para a sociedade como um todo.

E o que significa marketing? A desconstrução da palavra "marketing" permite-nos concluir que é a junção de "market"+"ing", significando ação no mercado ou fazendo o mercado acontecer. Ora, o Marketing é uma área de gestão, recente, que cruza diferentes áreas e valências. Desde a psicologia à economia, impactando a economia e a sociedade.

O marketing não é senso comum. O marketing não é somente publicidade. O marketing não é sinónimo de vendas e de serviço ao cliente. O marketing é muito mais do que isso. O marketing também não deve ser confundido com ter ou não ter, unicamente, um produto ou serviço de elevada qualidade. Vamos aqui desmistificar e apresentar o marketing a todos aqueles que necessitam dele e desconheçam o que é e como se faz. Podemos afirmar que o marketing é, nos dias de hoje, protagonista na vida dos consumidores, das empresas e dos mercados. E aqui, também neste livro.

Faça o teste que é apresentado na tabela 1 e verifique, por si próprio, se se revê em algumas destas formulações:

**Tabela 1.** O que é para si o Marketing?

| | Verdadeiro | Falso | Talvez |
|---|---|---|---|
| Bons produtos não precisam de comunicação | | | |
| A publicidade inventa necessidades | | | |
| O segredo é a alma do negócio | | | |
| O marketing é um departamento | | | |
| Publicidade e marketing são a mesma coisa | | | |
| Marketing é enfeitar o produto para levar à venda | | | |
| O marketing é apenas para grandes empresas | | | |

Se concorda com alguma destas afirmações, está na altura de ler este livro.

É importante referir que este livro não pretende ter uma natureza tutorial, no sentido de explicar, passo a passo, como fazer uma campanha publicitária ou como se constrói um *blog* empresarial. O objetivo é falar de conceitos relevantes no Marketing, abordando as suas especificidades, vantagens e limitações e, sobretudo, explicitar o impacto destes tópicos nas decisões que qualquer organização deve tomar.

Assim, não se espera que os empresários adquiram, com esta leitura, dotes criativos que os tornem aptos a fazer uma campanha, mas sim que saibam, por exemplo, como fazer um *briefing* para o criativo que irá desenvolver a campanha.

Da mesma forma, o leitor não ficará especialista em redes sociais, mas irá, provavelmente, perceber quando, como e porquê deverá anunciar numa determinada rede.

## 1.1. O tecido empresarial português

Ao nível empresarial, as microempresas constituem a maior fatia do mercado nacional português, com aproximadamente 96% do número de todas as organizações correspondendo, segundo o INE (Instituto Nacional de Estatística), a cerca de 16% do volume de negócios total.

Por microempresas, entende-se as que têm até 5 trabalhadores e um volume de negócios inferior a 2 milhões de euros anual.

A crescente facilidade na criação de sociedades comerciais, introduzida por programas como o Simplex[1], a par da popularização dos incentivos ao empreendedorismo e, nomeadamente, aos pequenos empreendedores, ajuda a explicar esta crescente percentagem de micro sociedades face ao número total de empresas.

Porém, o elevado número de novas empresas criadas todos os anos acompanha o não menos elevado indicador de empresas dissolvidas ou fechadas por insolvência. Nos 9 primeiros meses de 2018, por exemplo, segundo a Racius, para cerca de 35.500 empresas criadas, mais de 29 mil foram dissolvidas, das quais 7.500 consideradas insolventes. Restaram pouco mais de 6.000.

Estes indicadores são bem exemplificativos do insucesso de muitos negócios, porventura sustentados em ideias que pareciam boas, mas cujo retorno foi insuficiente para fazer face aos custos de operação.

A esta realidade não é, seguramente, alheio o facto de muitos pequenos empreendedores não terem o cuidado de olhar para o negócio como algo que deve ser planeado e pensado em função do mercado-alvo. Na verdade, uma boa ideia não é tudo; é preciso que essa boa ideia seja desejada pelo mercado e disponibilizada ao público certo, ao preço e com os benefícios desejados, com um circuito de distribuição adequado e promovido com argumentos relevantes para o target e nos canais adequados.

Foi neste contexto que emergiu a ideia do presente livro. Pretende-se que ele possa ser uma ferramenta útil, não apenas para sensibilizar os pequenos empreendedores para a necessidade de planear o seu negócio em função do mercado e das necessidades dos clientes, como também contribuir para a ponderação na tomada de decisão em mercados dinâmicos e nem sempre previsíveis.

## 1.2. A atitude de Marketing

O conceito de marketing é habitualmente definido como o processo de planeamento e execução de ideias, bens e serviços, desde a sua

---

[1] O Programa Simplex ou Programa de Simplificação Administrativa e Legislativa foi lançado em 2016. É um pacote de medidas apresentado pelo Governo Português com o objetivo de implementar medidas de simplificação administrativa e legislativa, impactando positivamente a vida das pessoas e das empresas, através da modernização dos serviços do Estado.

conceção, ao preço, promoção e distribuição, para criar trocas que satisfaçam os objetivos individuais e organizacionais. Enquadradas nesta definição, as decisões de marketing centram-se então em quatro aspetos: no Produto (que bens/serviços o público quer adquirir), no Preço (quanto estão os clientes dispostos a pagar por determinado bem/serviço), na Distribuição (onde espera o consumidor encontrar os bens/serviços) e na Comunicação (que informações e argumentos promovem o produto junto do(s) público(s)-alvo).

Porém, o marketing é sobretudo uma atitude e uma forma de olhar para o negócio. Trata-se de colocar o cliente verdadeiramente no centro de tudo, pensando todas as decisões em função das suas expetativas. Enquanto atitude, o pensamento de marketing vai um pouco mais longe do que o senso comum ou do que as ideias feitas sugerem, obrigando a empresa a olhar para os seus produtos e marcas do ponto de vista do cliente.

Pense um pouco: um consumidor, compra um berbequim porque precisa de fazer um furo na parede para fixar um quadro. Correto? Mas o que o consumidor de facto necessita é de um furo e não de um berbequim. Então por que compramos um berbequim? A questão aqui prende-se com o facto de as empresas procurarem, cada vez mais, desenvolver excelentes produtos sem, talvez, compreenderem o ponto de vista do cliente, as suas reais necessidades. O marketing deve focar-se em compreender o que o cliente quer e necessita para, então, desenvolver ofertas adaptadas às suas necessidades.

Mais do que pensar em Produto, deve-se pensar em quem o vai consumir, isto é, pensar o produto e as suas características em função da expetativa e conveniência de um consumidor cujas necessidades evoluem.

**A marca de sapatilhas Vans – muito utilizada por *skaters*, por ter uma sola especial que adere ao skate – passou a vender não aos pares, mas sim em trios, por saber que uma das sapatilhas se desgasta muito mais rápido do que a outra, resultado da utilização que o *skater* lhes dá.**

Já nas decisões relativas ao Preço, uma verdadeira atitude de marketing levará a empresa a questionar-se sobre a totalidade de custos que a compra de determinado produto tem para o cliente. Estes custos podem extrapolar largamente o montante em dinheiro, entrando em áreas como o desconforto psicológico, o incómodo, a distância, o tempo, o receio ou até mesmo a pressão social.

**Numa campanha de prevenção do cancro da mama, que procura incentivar clientes a fazer exames de mamografia, o elemento Preço pode não ter grande relevância. Em contrapartida, o incómodo, o receio do resultado ou o tempo podem ser barreiras importantes.**

Da mesma forma, no que se refere à Distribuição, a atitude de marketing aconselha a que se selecionem os canais mais convenientes, do ponto de vista do público-alvo, para que este possa encontrar os produtos nos locais onde tem a expectativa de os encontrar e não nas localizações mais convenientes para o fabricante.

**Para o consumidor, ter a possibilidade de comprar uma bebida fresca perto da praia num dia de verão, vale mais do que precisar de sair da praia e conduzir até um supermercado na avenida, para então comprar uma bebida, mesmo que seja necessário pagar um preço superior pelo produto ou serviço. Deve-se estar disponível no local e nas condições de entrega que o cliente deseja.**

Por fim, ao nível da Comunicação, hoje mais do que nunca a empresa deve deixar o consumidor participar, sugerindo conteúdos, partilhando e dando *feedback* sobre a sua experiência. Um *word of mouth,* muitas vezes transformado em *word of mouse*, que não é possível ignorar.

**A marca de *snacks* Doritos, há já alguns anos, desenvolve concursos com consumidores da marca em que solicita que estes criem vídeos criativos para promover a marca e o seu produto. O vídeo vencedor é apresentado no intervalo do Super Bowl, jogo da final do campeonato da liga de futebol americano dos Estados Unidos, um dos maiores eventos desportivos do mundo.**

## 1.3. As alterações no mercado

A tecnologia tem vindo a mudar o mundo e, em consequência, a vida dos consumidores. O impacto destas mudanças tem-se feito sentir praticamente a todos os níveis da vida dos cidadãos que estão hoje mais esclarecidos, exigentes e informatizados.

Por outro lado, também ao nível empresarial, o paradigma de negócios tem vindo a sofrer alterações significativas de correntes de transformações económicas, sociais e tecnológicas. A gestão da relação com os clientes e o tratamento da informação estão entre as principais áreas de impacto da evolução tecnológica, mas não só; na verdade, as tecnologias de informação vieram causar impacto em todas as áreas de decisão do marketing.

As pequenas empresas concorrem atualmente com as grandes, através de modelos de negócios digitais onde o poder da recomendação e a capacidade de dinamização de conteúdos nas redes digitais substituíram as tradicionais estratégias de comunicação. O comércio eletrónico e a popularização de novos modelos de negócio baseados na economia da partilha configuram hoje um contexto de mercado onde os pressupostos são distintos dos que conhecíamos há não muitos anos atrás.

Ao nível económico e social, são inquestionáveis os desafios que a crise de 2008 introduziu na gestão das empresas e na gestão das prioridades dos consumidores que têm, agora, novos padrões de consumo e novas prioridades. Estamos naquilo que é conhecido como um "novo normal" - uma normalidade posterior à crise económica que não é, de todo, semelhante ao paradigma anterior.

## 1.4. O novo Consumidor

Neste novo contexto de uma outra normalidade, a mudança parece ser a única constante das nossas vidas. Atualmente a chegar à fase adulta, a geração Y, ou *millennials*, revolucionaram a forma como se escolhem e consomem os mais variados produtos – dos bens de grande consumo às compras de maior envolvimento, como telemóveis, computadores ou vestuário. Mais informados, exigentes e familiarizados com tecnologia, os consumidores – nativos ou imigrantes digitais – sabem agora que têm mais poder face às marcas e que podem, de várias formas, fazer parte daquelas com quem querem ter uma relação mais estreita.

A segunda geração da internet - também conhecida por *web* 2.0 – trouxe consigo uma economia da conversa e, com ela, passou claramente o controlo da informação para o lado de uma geração de consumidores mais criativos, proactivos, conectados e pouco recetivos a abdicar do seu poder de escolha. Neste contexto, às marcas pouco mais resta do que o desafio da relevância. Mais do que procurar gritar mais alto do que os concorrentes, o objetivo, agora, é demonstrar valor na vida das pessoas, evitar a intrusão e perceber como chegar a cada segmento de potenciais clientes, com gostos, necessidades e motivações por vezes novas e seguramente diferentes da realidade anterior.

Em mercados crescentemente concorrenciais, ao mesmo tempo que assistimos a uma alteração no processo de decisão de compra dos consumidores, novas tendências se fazem sentir ao nível social, com impacto nos negócios. Os consumidores têm hoje uma maior e mais genuína preocupação com a sustentabilidade ambiental e com as consequências da atividade produtiva de alguns setores de mercado. Aliada a uma maior sensibilidade face a causas fraturantes e solidárias, o novo consumidor condiciona as suas decisões de compra e de consumo e, com elas, as posições sociais das empresas, muito para além dos produtos ou serviços que estas comercializam.

## 1.5. A evolução do Marketing enquanto conceito ao serviço das empresas

O Marketing pode, genérica e simplesmente, ser definido como o conjunto de meios, técnicas e ferramentas que uma organização tem ao seu dispor para conseguir estimular, nos públicos a que se dirige, comportamentos consentâneos com os seus objetivos. Esta conceptualização considera, como se pode ver, que o marketing pode ser utilizado por entidades que não empresas (organizações sem fins lucrativos, por exemplo) mas também que ele pode ser utlizado com outros propósitos que não exatamente as vendas.

Na realidade, pode dizer-se que existe marketing desde que existam trocas, ou seja, quase desde sempre. Em particular, desde que, na Idade Média, se popularizaram os mercados, sempre os comerciantes procuraram destacar os seus produtos, diferenciando-os dos de outros vendedores. Porém, o marketing, tal como hoje o conhecemos, nasce com a Revolução Industrial que sucedeu à Revolução Francesa, quando a oferta de produtos passou a ser superior à procura em muitos mercados.

Até finais do século XIX, as técnicas de marketing eram pouco necessárias, junto de mercados que tinham como principal preocupação produzir. Produzir cada vez mais e melhor constituíram o chamado Primado da Produção, que apenas viria a desvanecer-se no final da 2ª Guerra Mundial, a partir dos anos 50, quando o acréscimo de fábricas e de produção tornou necessário novos esforços para colocar no mercado os produtos fabricados.

Começa-se, então, a perceber a importância das marcas como elementos diferenciadores da oferta junto de uma população que tinha cada vez mais opções de escolha. Foi a Era da Venda – Venda e Marketing eram praticamente sinónimos – na qual o grande objetivo era vender, nem que para isso fosse preciso insistir, empurrar e manipular. Populariza-se, então, a caricatura do vendedor chato e insistente que quer vender a todo o custo – o vendedor de "banha da cobra". Contudo, o aumento da oferta, devido a um forte aumento do número de competidores, passou o poder para o lado dos consumidores que se tornaram mais exigentes e com mais poder de escolha. Torna-se, então, evidente que o marketing tem que elucidar, demonstrar benefícios e preencher necessidades.

Inicialmente apenas restrita aos bens de grande consumo, a publicidade passa a procurar dar aos consumidores razões para comprarem determinadas marcas. Ainda confinadas aos meios de comunicação "tradicionais" (o rádio, a imprensa, a TV, o cinema e a publicidade exterior), as mensagens da publicidade ajudaram os consumidores a diferenciar marcas e promessas de valor.

Por esta altura, o Marketing, enquanto função, ganha importância no seio das empresas que rapidamente aumentaram os esforços de marketing – nomeadamente de comunicação – às áreas dos serviços, começando pela Banca e pelos Seguros. Atualmente, o Marketing é reconhecido como essencial em variadíssimos campos de aplicação de que são exemplo: o marketing desportivo, religioso, do bem social, pessoal ou político. Convém, contudo, sublinhar que se trata de áreas de aplicação do marketing, eventualmente com especificidades próprias, mas que as técnicas e ferramentas do marketing não são diferentes apesar do contexto poder sê-lo.

Da mesma forma, é importante realçar que o designado marketing digital, mais do que ser um tipo diferente de marketing, se refere, afinal, ao marketing concretizado em plataformas digitais, sendo que estas são um meio com particularidades e funcionalidades merecedoras de atenção, mas que não contrariam o chamado marketing "tradicional".

Na atualidade, o marketing pode ser considerado simultaneamente como:

— Uma atitude própria da cultura empresarial
— Uma estratégia empresarial que condiciona todas as decisões da organização

Ambas as conceções remetem para uma mesma abordagem do negócio, isto é, pensar a organização em função não dela mesma, mas sim do mercado a que pretende chegar.

## 1.6. Um Marketing de e com valores

O marketing acompanha a dinâmica de evolução da sociedade, dos seus valores e desejos e, em consequência, verifica um percurso evolutivo associado às mudanças constatadas na sua envolvente. Na realidade, durante décadas considerou-se que o papel do marketing era ajudar a vender, potenciando o lucro para o acionista, mesmo quando se passou ao primado do cliente, considerado rei e cujos desejos as empresas deviam satisfazer, ainda assim a responsabilidade das empresas era fundamentalmente para com os seus proprietários. Às empresas, restava-lhes fabricar, promover e vender produtos e serviços com a maior rendibilidade possível. Era fundamentalmente a sustentabilidade económica que se perseguia.

Com a popularização do conceito de responsabilidade social, várias foram as organizações que se evidenciaram no mercado por defenderem causas sociais, muito para além do seu objetivo de negócio: empresas que se destacaram neste âmbito, como a Benetton ou a Dove, eram vistas como "diferentes", e por vezes vistas como "alternativas".

Mas este panorama alterou-se, tendo o Marketing evoluído para um estado mais avançado que enquadra a relação entre mercado e consumidor de uma forma distinta. A esta evolução não são alheias as alterações verificadas no ambiente de negócios – as épocas de recessão, as preocupações com o meio ambiente, a fragmentação dos *media*, o crescente *empowerment* do consumidor e um novo contexto tecnológico global.

O Marketing 3.0, termo cunhado por Philip Kotler (2016) olha para os consumidores como algo mais do que uma massa passiva e um alvo a ser captado. Eles são, agora, vistos como seres humanos em toda a sua complexidade e com preocupações sociais que as empresas devem compreender e respeitar. Para isso, as organizações devem alterar a sua abordagem tradicional adotando um marketing feito por e para humanos.

Na prática, o que quer isto dizer? Segundo esta abordagem, o Marketing tem como propósito demonstrar, na operacionalização do negócio da empresa, a missão e os valores da organização, procurando aprofundar a conexão emocional, nas relações de consumo, a favor da construção de um mundo melhor, com foco nos valores humanos.

Esta forma de olhar a relação que se estabelece entre marcas e consumidores tem como fundamento a convicção de que, cada vez mais, as pessoas esperam que as marcas não se demitam do seu papel na sociedade, intervindo, assumindo causas e comprometendo-se socialmente.

**A marca de cosméticos Lush é um bom exemplo de uma empresa que partilha a visão do Marketing 3.0. Esta marca centra-se no desenvolvimento de produtos focados nos valores éticos e na sustentabilidade, uma vez que a marca não testa os seus produtos em animais, emprega uma produção artesanal e utiliza matérias-primas naturais.**

Para atingir este estatuto de uma marca humana e interventiva é necessário, defende Kotler, Kartajaya e Setiawan (2016), ter em consideração os chamados 3 Cs que caracterizam hoje o mercado global:

- Colaboração: estimulada pela internet, a colaboração marca indelevelmente uma geração habituada a partilhar e a estar sempre conectada. Cada consumidor é um co-criador de conteúdos, pronto para participar no marketing das marcas com as quais sente mais envolvimento. Neste contexto, as marcas devem permitir e incentivar um marketing gerado pelo próprio cliente;
- Comunidade: na era da globalização, as distâncias estão cada vez mais curtas, mas as desigualdades crescem a cada dia num mundo global e nem sempre solidário. É aqui que se espera que as empresas façam a diferença, através do exemplo de intervenção na sociedade, não apenas não prejudicando o ambiente dos locais onde operam, mas também participando na ajuda necessária enquadrada no conceito de solidariedade e responsabilidade social;
- Criatividade: vistas por Kotler (2016) como a solução para os problemas causados pelas desigualdades sociais, a criatividade e o espírito humano do mercado tendem a inverter a hierarquia das necessidades de Maslow, passando os valores de autorrealização a integrar os anseios mais básicos do ser humano.

A evolução do conceito de Marketing para a fase 3.0 traduz a necessidade de humanizar as relações entre pessoas e organizações num ambiente cada vez mais complexo, contrastante e tecnológico.

# 2. MODELOS DE NEGÓCIO

Os negócios ocorrem dentro de um determinado contexto de mercado. Por isso, ao detetar uma oportunidade, o empreendedor deve ser capaz de identificar um conceito associado a um modelo de negócio. Um modelo de negócio identifica, de forma integrada, os recursos, as competências e as parcerias necessárias para operacionalizar uma determinada proposta de valor que possa ser bem-sucedida junto dos segmentos-alvo.

Existem diversos modelos de negócio, sendo alguns deles mais adequados à venda *online*. Todavia, todos eles são passíveis de serem estruturados de forma gráfica e simplificada, por forma a deixar bem claro de que forma se espera obter receitas, quais os principais recursos necessários ou as principais fontes de custos.

Podendo ser utilizado quer para modelo de negócio *online* ou *offline*, o modelo Canvas, criado e popularizado por Alex Osterwalder, é um dos modelos disponíveis para apoiar a análise necessária ao planeamento do tipo de negócio, sendo uma ferramenta fácil e útil de utilizar, já que abrange os principais pontos de análise.

## 2.1. O modelo Canvas

O modelo Canvas estrutura, de forma sintética e assertiva, as principais decisões que qualquer empreendedor deve tomar (ver figura 1).

**Qualquer negócio é um sistema. E um sistema é a combinação de vários elementos, interconectados de forma a constituir um todo organizado. Assim, um negócio é um sistema porque é constituído por várias partes ou funções e precisa de todas elas para ser bem-sucedido. Um modelo é uma descrição desse sistema.**

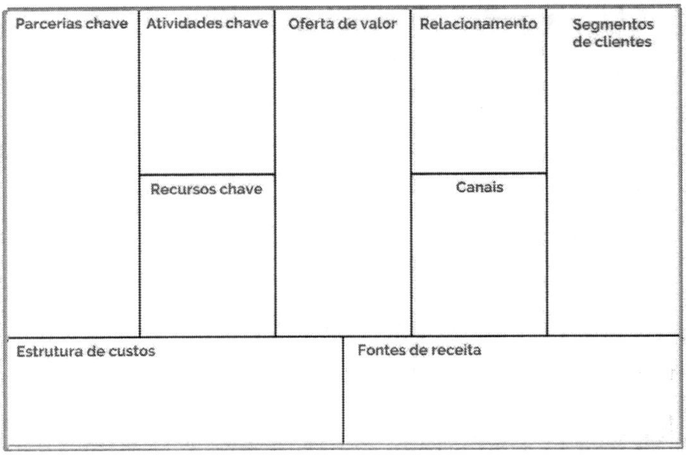


**Figura 1.** Modelo Canvas.

Um modelo de negócio descreve a lógica da criação e entrega de valor de uma empresa. No Canvas, os vários setores representados na figura 1 podem ser perspetivados da seguinte forma:

- Proposta de valor: O que vamos oferecer ao mercado?
- Clientes, tipo de relacionamento e canais de distribuição: Para quem?
- Atividades, parcerias e recursos-chave: De que forma?
- Custos e receitas associados ao negócio: Quanto vamos gastar e quanto podemos ganhar?

O modelo foi concebido para que a resposta a estas questões seja elaborada de forma sintética – por vezes até em formato *post-it* – por forma a que todas as componentes fiquem claras.

### *A proposta de valor*

O Valor corresponde à razão ou ao motivo pelo qual pessoas adquirem os bens e serviços. Pode ser para resolver um determinado problema, ultrapassar uma necessidade ou apenas melhorar a situação existente. O facto é que, sem uma proposta de valor relevante, qualquer negócio tende a perder-se no meio da indiferenciação de muitos outros semelhantes. Exemplos de proposta de valor podem ser uma novidade, *status*, uma *performance* superior, customização, *design*, preço baixo, acessibilidade ou conveniência.

**É importante destacar que a proposta de valor não é sinónimo do produto ou serviço disponibilizado no mercado; é, antes, a parte diferenciadora dessa oferta e que, em última análise, será responsável pela capacidade de atração da mesma.**

### *Os clientes*

Para conhecer os clientes é bom colocar perguntas como: Os clientes-alvo têm um perfil específico? Como estão eles agrupados? Onde estão? Que necessidades têm em comum? Por outro lado, trata-se de um mercado de massas ou de um nicho de mercado? É um grupo homogéneo ou, em vez disso, integra pessoas com características muito diferentes?

Assim, pensar a respeito dos clientes requer compreender as suas características, os seus gostos e as suas necessidades. Compreender de que forma eles estão organizados e distribuídos. Um elemento que é igualmente relevante é a segmentação, que será explicada detalhadamente no capítulo 4.

### *O tipo de relacionamento com clientes*

Dependendo da sua dimensão e natureza, cada negócio pode ter uma forma diferente de se relacionar com os seus clientes. Desde o contacto frequente, por *email, newsletter* ou redes sociais, até a uma relação mais pontual. O nível de personalização e frequência é definido em função dos desejos dos próprios clientes.

Assim, em função da intensidade e frequência da relação desejada face aos clientes, a empresa poderá almejar ter uma comunidade e eventualmente consolidar estratégias de customização de produto ou de comunicação, permitindo ao consumidor participar nas decisões de marketing. Tal como o estímulo para a partilha de *feedback*, uma política de benefícios e recompensas estreita e consolida a relação entre empresa e cliente.

A marca de café Nespresso desenvolve o relacionamento com os seus clientes através do Clube Nespresso. O Clube Nespresso oferece um atendimento personalizado, facilidades de encomenda e de entrega, assistência à máquina de café, informações sobre a marca e os produtos, para além de convites para a participação em eventos promovidos pela marca.

O Clube Nespresso tem o objetivo de manter uma relação próxima com os clientes, o que beneficia a empresa e os consumidores, que se sentem parte de uma comunidade exclusiva.

### *Os canais de distribuição*

Esta componente de negócio refere-se ao fluxo que os produtos ou serviços seguem até ao cliente, canal que pode ser mais curto ou mais longo, podendo contar com a presença de um ou vários distribuidores. Estes canais podem ser muito diferentes uns dos outros, em particular nos negócios realizados na internet, mas devem ser pensados previamente e sobre eles devem tomar-se decisões, como pode ver-se no capítulo 6 (a variável Distribuição).

### *Atividades, parcerias e recursos-chave*

A identificação das atividades-chave num qualquer negócio é um aspeto importante porque elas correspondem a tarefas que não podem deixar de ser bem realizadas e monitorizadas, sob pena de comprometer o sucesso do negócio. Nos modelos de negócio digitais, a própria plataforma da empresa é, com frequência, o seu recurso base. Nos casos em que a plataforma eletrónica dá suporte à própria loja ou serve para pôr em contacto a oferta com a procura, a gestão e manutenção da plataforma é crítica. Mas pode ser a procura ativa de fornecedores, a captação de novos clientes ou ainda a formação de profissionais que constituem as atividades-chave.

De igual forma, os recursos-chave remetem para aqueles que assumem uma especial importância dentro da empresa. Podem ser as lojas, no caso de uma cadeia de lojas, pode ser um *know-how* específico, uma maneira diferente de produzir, podem ser as pessoas, com qualificações elevadas e difíceis de replicar.

**Um salão de beleza deve procurar contratar profissionais qualificados nas mais diversas áreas, como por exemplo, tratamentos capilares, tintura, corte, podologia e depilação. É muito difícil que um mesmo profissional tenha capacitação técnica para exercer diversas atividades. Assim, investir em uma equipa com formação para desenvolver a sua função é necessário para o sucesso de qualquer negócio.**

Já no que se refere às parcerias, há negócios onde elas são cruciais e outras em que nem tanto. No *e-commerce*, as parcerias com instituições financeiras e com aqueles que garantem a segurança do sistema assumem um peso particular. Tal como os distribuidores físicos, que asseguram a entrega dos bens comprados *online*. Porém, há diferentes tipos de parcerias sendo algumas delas aspetos-chave no negócio.

**No exemplo do salão de beleza, uma parceria importante para o negócio poderia ser feita com o fornecedor de materiais que serão utilizados, como por exemplo champô e condicionador. Estabelecer uma parceria com uma marca reconhecida como de qualidade no mercado pode alavancar vendas, além da garantia de fornecimento de recursos-chave.**

### *Estrutura de custos*

Como o nome indica, a estrutura de custos refere-se aos custos associados ao negócio e que se destinam à compra de bens ou serviços que garantem o seu funcionamento. As pessoas, em alguns casos, são o custo mais importante, mas podem ser as máquinas da fábrica, as licenças para comercialização de algumas marcas ou produtos, a energia ou até o aluguer das instalações da empresa.

### *Fluxos de receitas*

Por fim, os fluxos de receitas estruturam os proveitos que o empresário espera receber e as respetivas receitas: vendas a clientes, pagamento por espaço publicitário, assinaturas ou licenças.

Um supermercado pode ter diversas fontes de receitas além das vendas dos produtos como leite, carne, entre outros. Um supermercado pode ter como fonte de receita a venda de espaços nas lojas para que as marcas possam expor os seus produtos. Um supermercado poderia ainda oferecer um serviço de entrega a partir do pagamento de uma taxa. Ou seja, um mesmo negócio pode ter mais de uma fonte de receita.

## 2.2. Modelos de negócio físicos

No mundo físico, os modelos mais populares são os seguintes: produtor (ou fabricante), retalhista, armazenista/grossista, licenciamento, agenciamento, vendas multinível e consignação.

**O modelo de negócio via produtor surge no contexto em que a empresa fabrica um ou vários produtos, vendendo-os, em seguida, para o canal grossista (B2B) ou para o retalho (B2C), com a sua marca ou com a marca do distribuidor.**

O grossista (ou comércio por grosso) é aquele que vende, compra ou fornece por grosso ou atacado. O grossista compra aos produtores para, depois, revender aos retalhistas fazendo, assim, com que estes não tenham de se deslocar às fábricas para adquirirem os vários produtos e marcas do seu sortido. O grossista não vende ao consumidor final, mas sim a outras empresas como os retalhistas. Habitualmente, tomam posse da mercadoria, isto é, não a podem devolver ao fabricante.

O retalhista é o elemento do canal de distribuição que vende ao cliente final. O retalhista compra os produtos aos grossistas (ou aos produtores), servindo de elo no canal de distribuição. O retalhista é dono ou gere um ou mais pontos de venda. Pode vender aquilo que produz, mas o mais comum é que tenha um ou mais fornecedores que lhe asseguram um sortido diversificado. A relação com estas empresas fornecedoras pode, ou não, ser regulada por contratos com obrigações para ambas as partes.

O licenciamento é uma forma de aliança estratégica que envolve a transação de um acordo para a utilização de patentes, processo ou experiência de um proprietário. O licenciamento ocorre sobretudo com marcas com elevada notoriedade e com uma perceção de qualidade consolidada. Neste caso, o interessado compra os direitos de poder utilizar a marca.

**A Disney é uma marca de referência no mercado infantil e permite e estimula o licenciamento. Outras empresas que desejam utilizar a imagem das personagens da Disney pagam por este direito de uso de imagem para desenvolverem novos produtos, que precisam de ser aprovados pela respetiva marca.**

A forma de licenciamento mais popular é o *franchising* em que o franchisado adquire permissão para comercializar a marca ou o conceito do franchisador, recebendo, para além disso, apoio na gestão do negócio. A contrapartida é o pagamento de uma entrada inicial e de *royalties* sobre as vendas geradas.

O agenciamento ocorre através de um agente que viabiliza um negócio, recebendo por isso uma comissão, não tomando posse da mercadoria. Nas vendas multinível, também conhecidas como marketing de rede, a estrutura da força de vendas é piramidal, sendo que cada nível recebe em função das vendas dos níveis que lhe sucedem. É muito vulgar em marcas de produtos de beleza ou em artigos do tipo Tupperware.

Vender à consignação significa colocar um bem à venda num ponto de venda terceiro, que cobra um determinado montante sendo a venda concretizada.

# 3. ESTRATÉGIA DE MARKETING E PLANEAMENTO

O planeamento estratégico de marketing é fulcral para qualquer empresa, independentemente da sua dimensão. Este planeamento promove a reflexão dos gestores sobre as condições atuais da empresa, através da análise do ambiente interno e externo da organização, o que possibilita a definição de metas e objetivos para o futuro da empresa. Através do planeamento estratégico, a empresa reúne a informação necessária para decidir de forma mais consistente qual a melhor estratégia para atingir os objetivos desejados.

A dinâmica existente no mercado, que caracteriza praticamente todos os setores, obriga as empresas a responderem a diversas mudanças. As empresas que apresentam esta capacidade de adaptação às contínuas mudanças que vão acontecendo são aquelas que mais sucesso têm, sendo, em muitos casos, as líderes de mercado. E como é que estas empresas se conseguem adaptar ao mercado? Esta adaptação está dependente da realização de um planeamento estratégico focado no mercado. O planeamento estratégico assume-se, por isso, como uma ferramenta estruturada que pode auxiliar qualquer empresa a projetar o(s) seu(s) negócio(s).

## 3.1. Planeamento estratégico de marketing

Planeamento estratégico é definido por Kotler (2000, p.86) como sendo "o processo de gestão de desenvolvimento e de manutenção de um equilíbrio entre objetivos, capacidades e recursos de uma organização e as oportunidades de um mercado em contínua mudança". Kotler (2000) destaca, ainda, que o objetivo subjacente à realização de um planeamento estratégico é a organização dos produtos e negócios da empresa, tendo como objetivo a obtenção de lucro e o crescimento desejados.

**Planeamento consiste em pensar nas ações que serão aplicadas *a priori*, ou seja, centra-se na resposta às seguintes questões: "O que fazer?"; "Como fazer?"; "Quando fazer?"; "Onde fazer?"; e "Com que meios fazer?".**

Já a estratégia é o plano que a empresa define como meta para que sejam obtidos resultados consistentes com a sua missão e com os seus objetivos. É a definição do caminho que será utilizado para estruturar o desenvolvimento da empresa. Para Porter (1996), estratégia é a forma como a empresa cria uma posição única e de valor para os consumidores envolvidos em um diferente grupo de atividades.

O planeamento de marketing é a aplicação do processo de planeamento na área de marketing. Nas empresas fortemente orientadas para o mercado, o planeamento estratégico é voltado para o marketing, ou seja, para o desenvolvimento das linhas de produtos ou diferentes marcas. O planeamento de marketing consiste em desenvolver o plano de marketing estratégico e o plano de marketing operacional. O plano de marketing estratégico orienta para a formulação de objetivos gerais e para o desenvolvimento da estratégia de marketing que será utilizada, baseando-se em análises da situação atual e das oportunidades de mercado. Por outro lado, o plano de marketing operacional define quais as táticas de marketing que serão implementadas, a título de exemplo, em comunicação, na distribuição e no preço.

## 3.2. Conhecimento e caracterização do mercado

Independentemente da dimensão, da área de atividade da empresa ou até da natureza da mesma, toda a organização tem um mercado potencial constituído por todas as entidades – empresas ou indivíduos – que podem vir a comprar os produtos ou serviços da empresa.

Em algumas situações, a identificação deste mercado-alvo não levanta qualquer dificuldade, como é o caso de alguns bens de grande consumo, genericamente consumidos por todas as pessoas. Contudo, na identificação do mercado potencial é útil serem incluídos não apenas os consumidores diretos desse produto, mas também os utilizadores ou consumidores de outros bens que satisfaçam a mesma necessidade.

**O mercado potencial de uma empresa pode ser medido em volume de unidades (por exemplo, em 2017, o mercado de chocolates em Portugal foi estimado em 2 Kg por pessoa), em valor de negócio (de acordo com a revista Meios e Publicidade, as vendas totais de cerveja em Portugal representaram, em 2018, cerca de 1.094 milhões de euros) ou até em parque instalado, como é o caso dos automóveis (em 2017, circulavam na capital portuguesa 1.231 milhões de veículos).**

O mercado pode também ser visto na perspetiva dos seus intervenientes, isto é, consumidores finais, compradores, influenciadores e distribuidores. Com frequência, compradores e influenciadores não coincidem, como sucede com as compras de bens alimentares, produtos infantis ou *petfood*. Por outro lado, os influenciadores da compra não podem ser esquecidos já que influenciam ou até condicionam fortemente o produto ou a marca escolhida pelo comprador.

**O estudo "Meet the Parents" publicado pelo *Facebook* mostra que as crianças estão a exercer uma grande influência nas decisões de compra das famílias, como nas escolhas da viagem de férias, restaurantes e opções de entretenimento, ou ainda a escolha do automóvel. Este estudo revela que 69% dos pais afirmam que compram mais produtos específicos para crianças do que seus pais e que diferentemente do que estes faziam enquanto crianças que era 'importunar' os pais para que comprassem produtos, agora as crianças são extremamente informadas tornando-se especialistas em determinadas categorias de produtos.**

### *3.2.1. A estrutura do mercado*

Do ponto de vista da sua estrutura, um mercado pode ser aberto ou fechado, de acordo com a estabilização do número e posição das empresas que nele operam e na facilidade de entrada. Assim, um mercado aberto tende a ter poucas barreiras à entrada, não tendo os seus operadores posições totalmente consolidadas. Contrariamente, os mercados onde existem várias barreiras a entradas (económicas tecnológicas ou até legais) são considerados fechados, com operadores consolidados.

A empresa Fiverr pode ser considerada um exemplo de empresa pertencente ao mercado aberto. A Fiverr é uma empresa global que oferece serviços de *freelance* a partir de cinco dólares, origem do nome da empresa. A empresa fornece uma plataforma para que empreendedores possam focar-se em aceder a serviços para o crescimento e criação de um negócio a custos acessíveis.

Um exemplo de mercado fechado é o da indústria aeronáutica. Esta indústria conta com poucas empresas que produzem aviões, devido ao alto investimento e normas internacionais.

Mas os mercados podem igualmente ser considerados em função da quantidade dos seus operadores. Por exemplo, um mercado atomizado ou fragmentado é aquele onde existem numerosas empresas a operar e onde tendencialmente existem poucas barreiras à entrada.

O mercado de hotelaria pode ser considerado um mercado fragmentado, visto que é relativamente fácil iniciar a operação de um hotel. Além disso, percebe-se a vasta presença de hotéis em cidades turísticas, por exemplo.

Já os mercados concentrados têm habitualmente poucos e grandes operadores (oligopólio) e por vezes apenas um, configurando um monopólio.

**Um exemplo de mercado concentrado em Portugal por oligopólio é o das empresas de telecomunicações, visto que este mercado é operado por poucos concorrentes: MEO, NOS e Vodafone.**

Por fim, há ainda os mercados chamados cativos ou monopólios artificiais, pelo facto de "obrigarem" à utilização de produtos de uma marca. Foi, durante muito tempo, o caso das cápsulas de café específicas para determinadas marcas ou mesmo de impressoras cujos consumíveis são específicos da marca.

### *3.2.2. Fatores condicionantes do negócio*

O consumo é um fenómeno multifacetado, impactado por fatores de natureza diversa. No contexto da envolvente externa, as condicionantes do negócio são os fatores que a organização não controla, já que lhe são externos, mas que podem influenciar consideravelmente o modo e a intensidade com que a empresa opera no mercado, o que produz, o que vende e como vende. Assim, fazem parte da envolvente externa da empresa o ambiente político, tecnológico, social, económico e legal, com efeitos interligados, cada um com pesos diferentes ou até nulos, dependendo da situação, do mercado e do país.

***Condicionantes políticos e legais***

O ambiente político condiciona a economia, de uma forma geral, sobretudo pela (falta de) confiança que empresas e consumidores possam ter na estabilidade do país. Como se compreende, países com diminuto grau de estabilidade política tendem a não oferecer as condições necessárias para um mercado livre e competitivo. Por outro lado, um país em conflito com outro precisará, com mais premência, de produtos essenciais e de bens que satisfaçam necessidade do 1º nível da hierarquia de Maslow.

São indicadores úteis da estabilidade política de um mercado os seguintes: diretivas comunitárias ainda não aplicadas e que possam vir a influenciar esta envolvente, o calendário de eleições e programas eleitorais, regras relativas à concorrência, defesa do consumidor, legislação fiscal e laboral e outras que possam interferir nas operações da empresa.

A legislação também influencia – e, em alguns casos inviabiliza – a flexibilidade de alguns negócios. Nos casos mais extremos, destaque-se a proibição de produção e venda de alguns produtos como drogas, armas ou produtos de contrafação. Porém, a legislação sobre preços em alguns produtos limita as prorrogativas do empresário quanto aos preços a praticar em bens como o tabaco, jornais ou pão.

**Na legislação que regula a publicidade, por exemplo, a lei portuguesa impõe determinados limites de que são exemplo a proibição de promover bebidas alcoólicas antes das 22.00 H, a proibição total de publicidade ao tabaco, enquanto em outros países como a Finlândia, por exemplo, a publicidade a brinquedos para crianças é praticamente proibida. Os fármacos que exigem prescrição médica não podem, também, ser objeto de publicidade.**

As limitações impostas pela legislação podem também fazer-se sentir ao nível dos locais de vendas; é assim que alguns produtos de parafarmácia não podem ser vendidos em qualquer ponto de venda, ao contrário de outros países onde os medicamentos têm venda livre.

### *Condicionantes económicos*

À semelhança dos condicionantes políticos, um mau ambiente económico tende a impactar os recursos e até a disponibilidade interior para gastar dinheiro com bens que não sejam, de alguma forma, prioritários. Ao contrário, a estabilidade económica e a sensação de bem-estar aumentam a confiança dos consumidores, levando-os a sentirem-se mais à vontade para gastar dinheiro. Por outro lado, uma subida generalizada no preço dos bens, em resultado da inflação, diminui a capacidade aquisitiva dos consumidores, particularmente se os rendimentos se mantiverem.

**Nos anos seguintes a 2008, a crise mundial levou muitas famílias a repensar a suas prioridades de consumo: alguns passaram a frequentar menos a restauração e locais de diversão e outros, mesmo os que não viram o orçamento familiar reduzido, ainda assim alteraram o seu perfil de consumo passando a ponderar o consumo quotidiano de uma forma diferente.**

Ao nível do ambiente económico que envolve o negócio, faz sentido conhecer alguns indicadores de saúde económica como é o caso do crescimento do PIB e das exportações, a taxa de inflação, as taxas de juro ou a evolução dos impostos diretos e indiretos.

***Condicionantes socioculturais***

Dentro da análise dos fatores socioculturais destacam-se as alterações ou mudanças na vida das pessoas, em termos demográficos ou socioculturais, e que podem criar oportunidades ou constituir riscos para o mercado ou para a oferta da empresa. É, assim, relevante conhecer a taxa de natalidade, as alterações e as tendências verificados nos perfis de consumo e nos hábitos e costumes, bem como os efeitos da moda que tanto podem influenciar algumas áreas de negócio, como é o caso do vestuário e do calçado.

**O aumento do consumo de produtos como o bacalhau, couves, brinquedos ou chocolates na altura do Natal sucede em Portugal, mas não de forma igual nos outros países.**

***Condicionantes tecnológicos***

Ainda que, de uma forma geral, quase todas as empresas, unidades fabris e pontos de venda tenham visto nas últimas décadas os seus equipamentos e instalações incrementadas em termos tecnológicos, há negócios e áreas de atividade que incorporam muita tecnologia nos próprios produtos ou serviços, razão pela qual é razoável conhecer o ambiente que rodeia a empresa a este nível. Trata-se, no fundo, de dar resposta a questões como: prevêem-se fortes mutações na tecnologia associada ao meu setor de negócios? Que oportunidades e ameaças podem estar ligadas a essas alterações? De que forma a tecnologia pode afetar os produtos e serviços concorrentes?

**Alguns supermercados já utilizam o sistema de *self checkout*, com o qual o próprio consumidor realiza a leitura dos códigos de barras dos produtos e o pagamento das suas compras. A utilização deste sistema por supermercados é possível devido à tecnologia disponível nos países.**

## 3.3. Comportamento do consumidor e suas condicionantes

O consumo de bens e serviços refere-se ao ato económico que viabiliza a satisfação de uma necessidade por via do consumo de um determinado bem. A distinção tradicional, no que respeita à natureza das necessidades satisfeitas pelo consumo, distingue entre as necessidades primárias, mais ligadas à subsistência, e outro tipo de consumo vulgarmente associado a bens ou serviços mais hedónicos ou supérfluos, mas que, nem por isso, deixam de sustentar motivações de consumo perfeitamente aceitáveis.

Teorias mais modernas, como a de Cova & Cova (2002) inscrevem o consumo numa perspetiva mais abrangente e que extrapola a simples satisfação de uma necessidade funcional; o consumo e as marcas tornaram-se, também, o elo unificador de grupos que, por vezes, não têm outros elementos de afinidade. Através do consumo simbólico, as pessoas afirmam-se socialmente pelo que compram ou utilizam.

**Em diversos países do mundo o *iPhone* é considerado um bem de consumo simbólico. Para a sociedade, o *iPhone* representa, assim, um produto que sugere *status* social.**

### *Tipos de compras*

No que respeita ao tipo de compras, é habitual distinguir-se entre compras de rotina, tipicamente referentes a bens de consumo regular, como os produtos alimentares ou de higiene ou mesmo o jornal, e os bens de natureza situacional que são normalmente adquiridos em situações específicas e não de forma continuada.

**Produtos como móveis, eletrodomésticos ou ainda serviços médicos e reparação de automóveis podem ser considerados exemplos de compra situacional, em que o consumidor irá realizar uma compra pontual e não continuada.**

Diferentes tipos de compra correspondem, habitualmente, a distintos níveis de envolvimento na compra. Por exemplo, um consumidor é capaz de não hesitar um segundo ante a prateleira do arroz, no supermercado, por se tratar de um compra repetida e com limitada capacidade de resolução de problemas.

Ao invés, a compra de uma televisão, de um carrinho de bebé ou de um automóvel requer muito mais tempo e envolvimento do consumidor, sendo mais demorado e fundamentado o seu processo de decisão.

Já as compras de impulso – as que são feitas de forma não ponderada e sem grandes processos decisionais – são rápidas e pouco racionais.

O comportamento do consumidor integra várias etapas e é explicado por um conjunto de variáveis de natureza diversa. A figura 2 apresenta as etapas do processo de decisão de compra do consumidor.

**Figura 2.** Etapas do processo de decisão de compra.

Tudo começa com o reconhecimento de um problema, ainda que o termo seja aqui mencionado num sentido abrangente de uma necessidade por resolver. Tal necessidade pode ser de natureza meramente funcional (compro uma garrafa de água porque tenho sede) ou uma necessidade menos básica (compro um relógio de uma marca *premium* porque me quero sentir bem ao pé de outros colegas que também usam esse tipo de bem).

Identificada a situação que deve ser resolvida com a aquisição de um bem ou serviço, segue-se a fase de procura de informação, que pode ser mais ou menos exaustiva em função da importância que o bem ou serviço tenha para o consumidor no contexto em que o vai adquirir.

A procura de informação é feita em fontes externas e internas. Entre as fontes externas incluem-se a opinião de amigos e conhecidos, a informação obtida em campanhas de comunicação das marcas, as críticas e revisões obtidas nas plataformas digitais ou as informações nos pontos de venda, entre outras. O consumidor procura, ainda, informação através da sua experiência e do seu histórico de compras.

Na fase de avaliação das alternativas possíveis, o consumidor tende a fazer uma espécie de *shortlist* das marcas com maior probabilidade de virem a ser escolhidas e que, em marketing, se designa por conjunto de marcas em consideração. Ao fazê-lo, o consumidor afasta as marcas que não reúnem as condições exigidas (pode ser o preço elevado, a falta de confiança na marca, as características técnicas ou outro motivo).

Confrontando as opções em consideração com os seus requisitos, o consumidor escolhe, por fim, a marca que vai comprar e concretiza a compra num ponto de venda físico ou virtual.

Porém, o processo de decisão não acaba na compra já que, decorrente da utilização do bem ou serviço, o consumidor estará, agora, em condições de poder fazer uma avaliação do bem ou serviço, dando origem a sentimentos de satisfação ou de deceção face à experiência de utilização. No limite, o bem ou serviço será descartado.

Ao falar-se de decisão de compra é imperioso referir a importância das plataformas digitais que têm vindo a revolucionar a forma como se concretiza cada uma destas etapas do processo de decisão, em particular na etapa de procura de informação, na avaliação de alternativas válidas e até no local de compra.

A evolução tecnológica deu, aliás, origem a um termo muito popular hoje em dia – o ZMOT (*Zero Moment of Truth*). A figura 3 representa o momento zero da verdade.

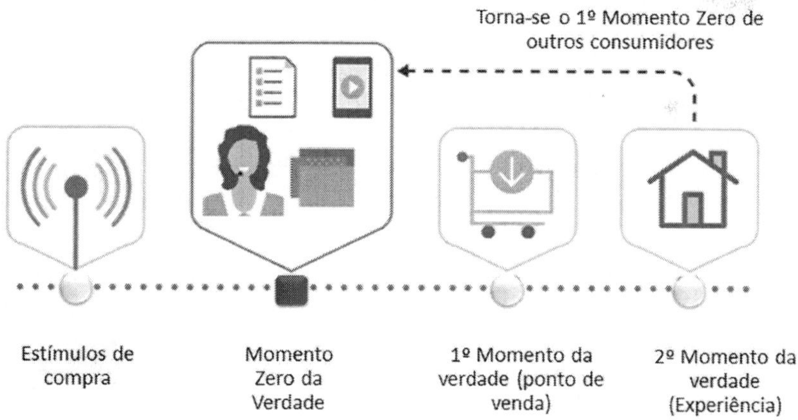


**Figura 3.** O Momento Zero da Verdade.

Cunhado pela Google, o momento zero da verdade refere-se a uma etapa em que o consumidor, após ter sido sujeito a estímulos que o fizeram reconhecer a necessidade, recorre ao espaço digital para procurar informação e conselhos, fazer simulações e comparações e, no fundo, fundamentar a sua decisão. Esta etapa de procura de informação é hoje mais digital do que nunca, já que a internet facilita a informação necessária à avaliação de alternativas.

**O primeiro momento da verdade – uma criação da Procter & Gamble – designava, desde 2005, o momento em que o consumidor entrava em contacto com o bem no ponto de venda. Era o seu primeiro contacto "real", sendo aí que tomava conhecimento das características do produto ou serviço. O momento zero antecipa, agora, esse primeiro contacto.**

Após a compra e utilização do bem, o utilizador atual tende a expressar a sua opinião no espaço digital, classificando a sua experiência em espaços de conversas, *blogs*, *sites* de reclamações ou simplesmente em redes sociais. Ao fazê-lo, ele está a contribuir com informação para aquilo que serão futuros momentos zero de outros consumidores.

Consideremos a compra de flores. O consumidor que deseja adquirir este produto levará em consideração no seu processo de compra as várias etapas apresentadas na figura 2. O reconhecimento do problema pode ser a definição do objetivo desta compra (dia dos namorados). A etapa procura de informação pode ser a busca na internet de flores mais adequadas para o objetivo da compra e as lojas mais próximas que as tenham disponíveis. A etapa avaliação das alternativas pode ser percebida quando o consumidor compara os arranjos de flores disponíveis e os preços de cada um, para então na etapa da compra o consumidor realizar as transações necessárias para adquirir o produto escolhido. Na última etapa, referente ao comportamento pós-compra, o consumidor verifica a sua satisfação em relação à sua compra, que se pode configurar na divulgação de uma foto nas suas redes sociais das flores que foram oferecidas ao namorado(a).

## 3.4. As variáveis explicativas do comportamento do consumidor

Diversas variáveis condicionam os processos de decisão de compra dos consumidores, sendo comum dividi-las em intrínsecas e extrínsecas, consoante sejam internas ou externas ao indivíduo, conforme ilustrado na figura 4.

Nas variáveis intrínsecas, podem incluir-se as condicionantes que, sendo intrínsecas ao indivíduo, tendem a ser permanentes. É o caso da sua personalidade, da imagem que tem de si próprio e do estilo de vida que leva. Se um indivíduo se vê a si próprio como um desportista, por exemplo, preferirá adquirir roupa que passe essa mesma ideia – uma *t-shirt* com o logo de uma marca de *surf* ou até um polo Lacoste, associado ao ténis. Inversamente, um consumidor, quadro de uma empresa, que passa grande parte do seu tempo em reuniões profissionais, terá seguramente tendência para comprar um determinado estilo de roupa mais formal.

Ainda dentro das características intrínsecas, mas a um nível mais psicológico, o tipo de necessidades e motivações do indivíduo condiciona não apenas os produtos que escolhe como até mesmo o ponto de venda. Do mesmo modo, as crenças e as perceções de uma pessoa são, independentemente de qualquer juízo de valor, uma condicionante importante no processo de compra.

| Características pessoais | Características individuais | Fatores sociais | Fatores culturais | Fatores situacionais |
|---|---|---|---|---|
| • Personalidade<br>• Autoimagem<br>• Estácio do ciclo de vida<br>• Estilo de vida | • Necessidades<br>• Motivações<br>• Perceções<br>• Crenças<br>• Atitudes | • Grupos de referência<br>• Família<br>• Posição social<br>• Papel social | • Cultura<br>• Processo de compra familiar | • Tempo<br>• Ambiente da loja<br>• Estado de espírito<br>• Trânsito<br>• ... |

**Figura 4.** Variáveis explicativas do comportamento do consumidor.

**A motivação de melhorar a autoestima pode levar uma pessoa a frequentar o ginásio, com o intuito de perder peso e sentir-se melhor. Por outro lado, um consumidor preocupado com a sua segurança, pode optar por não viajar em companhias aéreas tipo *lowcost*.**

No que se refere a atitudes – a propensão para agir num determinado sentido – é fácil perceber que uma pessoa impetuosa pode mais facilmente ceder a compras de impulso e a promoções, muito para além das suas necessidades reais.

Em relação às variáveis extrínsecas, destacam-se os fatores sociais, culturais e situacionais. Durante a compra de um produto, estamos sujeitos à opinião de outras pessoas, tais como de familiares, dos vendedores ou até mesmo de influenciadores, de celebridades ou de pessoas que são referências em termos de opinião. Para além disso, a cultura também se assume como um fator de extrema importância, visto que as referências de valores, do que é certo ou errado, é uma condicionante desenvolvida dentro de cada sociedade. Por exemplo, se na cultura Indiana a vaca é um animal sagrado, as empresas que desejarem desenvolver os seus negócios na Índia precisarão de respeitar esta tradição, adaptando-se. Em relação aos fatores situacionais, por vezes, uma determinada situação pode influenciar um consumidor a realizar uma determinada compra.

**A Disney, por exemplo, utiliza esta estratégia: faz com que os consumidores tenham de passar por uma loja antes de poderem sair da atração do parque onde se estão a divertir. Estas lojas que os consumidores acabam por visitar antes de seguirem para outras atrações vendem *souvenirs*, criando uma influência situacional.**

## 3.5. Como estudar o mercado

Com o propósito de fundamentar as tomadas de decisão das empresas e reduzir o risco a elas associadas, as empresas procuram conhecer o mercado onde operam, designadamente o perfil dos consumidores, o seu processo-tipo de decisão de compra e respetivos intervenientes e as alterações verificadas ao nível do consumo: por outras palavras, analisar a procura para os seus produtos/serviços.

Esta análise pode ser realizada por observação direta ou através da informação incorporada nas respostas dos públicos-alvo. Pode, ainda, basear-se em informação recolhida através de fontes primárias – a informação que é gerada e recolhida no âmbito do próprio estudo – ou por dados secundários, resultantes da consulta de estudos e bases de dados já existentes como, por exemplo, as estatísticas do INE ou o *site* da Pordata.

**Uma livraria decide realizar um inquérito de satisfação com seus consumidores. Este seria um exemplo de fonte primária de informação. No entanto, se o gestor desta mesma livraria está a realizar um estudo de mercado e utiliza dados divulgados pelo Governo como, por exemplo, o crescimento populacional para decidir se irá ampliar o seu negócio, ele utilizou dados secundários para tomar a sua decisão.**

### *Estudos exploratórios e estudos qualitativos*

Para além da fonte de informação que lhes está subjacente, os estudos de mercado dividem-se, habitualmente, em estudos exploratórios – onde se pode, também, distinguir entre estudos documentais e qualitativos – e estudos de natureza quantitativa. A tabela 2 ilustra a natureza dos estudos de mercado.

**Os estudos exploratórios dividem-se em documentais e qualitativos. Nos estudos de natureza documental, recolhem-se informações de natureza secundária associada ao tema em análise, estruturando-as e sistematizando-as em função dos objetivos da investigação. Parte desta informação é recolhida internamente e tem origem em relatórios de vendas e outros documentos.**

**Tabela 2.** Natureza dos estudos de mercado.

| | **Estudos exploratórios** | | **Estudos quantitativos** | |
|---|---|---|---|---|
| Tipo de estudos | Documentais | Qualitativos | Pontuais | Contínuos |
| O que se pretende? | Identificar as tendências do mercado | Perceber motivações e comportamentos de consumidores | Medição de comportamentos atitudes e perceções de uma amostra representativa do universo em estudo | Identificação das evoluções sentidas no mercado ao longo do tempo |
| Exemplos | Relatórios setoriais | Entrevistas | Sondagens | Painéis de consumidores |
| Ferramentas de trabalho | Dados e estatísticas de mercado (inform. secundária) | Entrevistas individuais ou de grupo sem pretensão de representatividade estatística | Questionários aplicados a amostras representativas do universo em estudo | Questionários aplicados a amostras representativas do universo em estudo |

A informação também pode ser recolhida externamente, como em estatísticas disponíveis *online* ou *offline*, estudos já realizados, *site*s da concorrência, relatórios do setor ou até informação de organismos públicos ou da comunicação social.

É, porém, provável que esta informação documental não seja o suficiente para responder ao propósito do estudo. Por vezes, o melhor é entrevistar diretamente quem domine o respetivo tema. Para o efeito, fazem-se entrevistas que podem ser semi-diretivas (conversas em que o entrevistador segue um guião com os temas relevantes, mas deixando espaço ao entrevistado para abordar outros temas associados ao principal) ou entrevistas livres, onde o entrevistado fala livremente sobre o que quiser, sendo a sua conversa gravada para tratamento posterior. Em qualquer das situações, trata-se de conversas e não de interrogatórios.

Já nas reuniões de grupo – ou *focus groups*, como também são denominadas – o entrevistador lança um tema para uma mesa com 6 a 12 pessoas, pedindo que respondam e debatam o tema em estudo. A reunião é gravada sendo, mais tarde, objeto de análise de conteúdo para extração dos principais temas e ideias-chave. Sendo vantajoso em termos de espontaneidade, este método pode também originar um efeito de mimetismo de grupo.

### *Estudos etnográficos e clientes-mistério*

Tradicionalmente, os estudos etnográficos tinham como objetivo o estudo das comunidades e dos seus hábitos e costumes. A preocupação com o conhecimento de comunidades de consumo recuperou o termo para o âmbito de estudos de mercado etnográficos, frequentemente com observação direta e *in loco* onde o propósito é, mais do que perguntar, observar.

Muito associados a pontos de venda, os clientes-mistério são utilizados pelas empresas para avaliar o cumprimento de processos e o tratamento prestado aos clientes nas lojas. Trata-se de um inquiridor que simula ser um cliente "normal", mas que, na verdade, tem como objetivo fazer a avaliação do tratamento recebido para reportar à empresa.

### *Estudos quantitativos*

Os estudos de natureza quantitativa têm como objetivo recolher informação em quantidade junto de uma amostra representativa da população em estudo. Podem ser clientes da empresa, potenciais clientes, fornecedores ou outros públicos que disponibilizam informação sobre hábitos de consumo, prioridade de compra, orçamento de compra, razões de não compra ou qualquer outra motivação associada ao consumo.

**A Nielsen, empresa de consultoria de mercado, divulgou dados de um estudo quantitativo realizado com consumidores Portugueses. Os resultados deste estudo mostram que em 2017 os consumidores portugueses foram mais frequentemente às compras (+1,4% face ao ano anterior), representando uma média de 127 vezes por lar[2].**

Ao contrário dos estudos qualitativos em que o entrevistador procura aprofundar algumas questões, um questionário tem, tipicamente,

[2] Nielsen (2018), Lares portugueses gastaram, em média, 3,7% face ao ano anterior. Disponível em: https://www.nielsen.com/pt/pt/insights/news/2018/portuguese-households-spent-an-average-of-3-point-7-percentage-more-than-the-previous-year.html

respostas curtas e direcionadas, frequentemente dicotómicas (Sim – Não) ou utilizando escalas de concordância, conhecidas como escalas de Likert, em que o inquirido é convidado a dar o seu grau de concordância face à formulação que lhe é apresentada.

**Um exemplo de escala de Likert que pode ser utilizada em um questionário de satisfação com os serviços de um restaurante é o seguinte:**

**"Avalie o seu grau de concordância com os itens abaixo, considerando a sua experiência hoje no restaurante:"**

| | Discordo Totalmente | | | | | | Concordo Totalmente |
|---|---|---|---|---|---|---|---|
| O atendimento dos funcionários do restaurante é de qualidade | 1 | 2 | 3 | 4 | 5 | 6 | 7 |
| A iluminação do ambiente do restaurante é adequada | 1 | 2 | 3 | 4 | 5 | 6 | 7 |
| A decoração do restaurante é agradável | 1 | 2 | 3 | 4 | 5 | 6 | 7 |

Os questionários podem também integrar perguntas abertas, onde o questionado escreve o que quer, mas este tipo de questões é de difícil e demorado tratamento.

**Exemplo de perguntas abertas:**

- **O que é que mais valoriza num automóvel?**
- **Quais são as principais razões para aderir a um serviço de SPA?**
- **O que significa, para si, felicidade?**

Os inquéritos associados aos estudos quantitativos podem utilizar diferentes canais; serem aplicados pessoalmente, enviados por correio ou *email*, por telefone ou até preenchidos após observação direta do inquiridor.

## 3.6. A importância dos canais digitais nos estudos de mercado

A popularização da internet veio facilitar em larga escala a forma como as empresas conseguem chegar aos públicos-alvo dos seus estudos de mercado. Enviados por *email* ou disponibilizados em redes sociais, os questionários dos estudos quantitativos podem hoje ser dinamizados muito rapidamente através das comunidades de amigos e seguidores, viabilizando estudos mais rápidos e baratos.

Paralelamente, os estudos etnográficos são hoje muitas vezes realizados nas plataformas digitais, dando origem a um novo conceito: os estudos netnográficos, que podem ser qualitativos ou quantitativos. Através da recolha e observação de informação recolhida em redes sociais, em *blogs* ou *chats* sobre determinados temas, pode-se atualmente analisar, recorrendo a vários *softwares*, o conteúdo de mensagens e *posts* deixados nas plataformas, identificando tendências, motivações e reações.

**Um estudo netnográfico (Scaraboto e Fischer, 2013) realizado durante três anos com os blogueiros e seguidores do Fatshionista procurou compreender o mercado de moda *plus size*. Durante o estudo, os investigadores acompanharam as interações *online* entre blogueiros e os seus públicos observando, lendo e arquivando publicações e comentários.**

## 3.7. A Análise SWOT

A análise SWOT é uma avaliação que a empresa faz em relação ao seu ambiente interno e um diagnóstico de mercado.

**A sigla representa as forças ou debilidades (do inglês *strengths*) e as fraquezas (do inglês *weaknesses*) pertencentes ao ambiente interno, e a identificação de oportunidades (do inglês *opportunities*) e de ameaças (do inglês *threats*), no que à análise do ambiente externo diz respeito.**

Esta análise é extremamente útil para a elaboração do planeamento estratégico de uma empresa e é frequentemente confundida com o próprio planeamento estratégico.

### *3.7.1. Ambiente interno*

O ambiente interno é constituído pelos pontos fortes e pelos pontos fracos da empresa (forças e fraquezas, respetivamente). Um ponto forte da empresa é uma característica interna, ou um ativo, que lhe permite ter uma vantagem competitiva sobre a concorrência ou facilidade para atingir os objetivos (incluindo a rendibilidade). Por outro lado, um ponto fraco é uma característica interna, ou uma limitação, que coloca a empresa numa situação de desvantagem em relação à concorrência e em dificuldades para atingir os seus objetivos. A empresa deve monitorizar recorrentemente estas variáveis, tendo consciência de que estes pontos fracos podem impedir a realização de alguma oportunidade identificada. Se tal acontecer, a empresa deve procurar transformar esse ponto fraco num ponto forte.

**Uma marca ou um produto inovador e de referência, reconhecido pelo mercado, é geralmente um exemplo de força, no entanto ser conhecida por problemas de atendimento e falhas de entrega são exemplos de fraquezas. Note-se que em ambos os exemplos o controlo das situações depende da empresa.**

### *3.7.2. Ambiente externo*

No ambiente externo, uma oportunidade é uma situação externa que dá à organização a possibilidade de atingir os seus objetivos ou de melhorar a sua posição competitiva e/ou a sua rendibilidade. Geralmente, as empresas avaliam e classificam as oportunidades identificadas de acordo com a sua atratividade (alta ou baixa) e com a sua probabilidade de sucesso (alta ou baixa), tal como está representado na matriz da figura 5. As melhores oportunidades estão na célula 2 (alta probabilidade de sucesso e alta atratividade) e a empresa deve priorizar essas oportunidades. A célula 3 (baixa probabilidade de sucesso e baixa atratividade) apresenta as oportunidades menos significativas que foram identificadas, sendo que a empresa as deve eliminar do planeamento estratégico, podendo utilizá-las num futuro próximo. Isso acontece porque, na primeira vez em que foram identificadas, as tecnologias disponíveis podiam, por exemplo, ser extremamente caras, inviabilizando negócios no curto prazo. As duas outras células devem ser monitorizadas, uma vez que se podem tornar mais favoráveis e, possivelmente, mais lucrativas para a empresa, podendo, nesse caso, ser incluídas no planeamento estratégico.

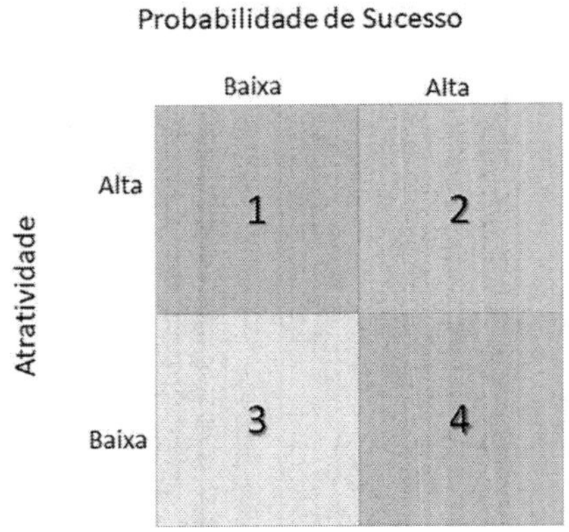


**Figura 5.** Matriz das Oportunidades.

As ameaças podem ser consideradas uma situação externa que coloca a organização perante dificuldades na concretização dos seus objetivos, podendo conduzir a perdas de mercado ou de redução de rendibilidade. Estas ameaças estão relacionadas com a concorrência da empresa e possíveis mudanças nas legislações que impactem a organização. As organizações devem avaliar e classificar as ameaças identificadas de acordo com sua gravidade (alta ou baixa) e com a sua probabilidade de ocorrência (alta ou baixa). Esta matriz das ameaças é apresentada na figura 6.

As ameaças que estão na célula 2 (alta probabilidade de ocorrência e alta gravidade) são importantes e, por poderem prejudicar seriamente a organização, devem ser igualmente monitorizadas. Para que estas ameaças possam ser controladas, a empresa deve preparar planos de contingência que detalhem as mudanças possíveis antes ou durante as ameaças. A célula 3 (baixa probabilidade de ocorrência e baixa gravidade) não merece preocupação por apresentar as menores ameaças para a organização. As outras duas células não requerem planos de contingência, mas devem ser monitorizadas para não se tornarem ameaças mais sérias.

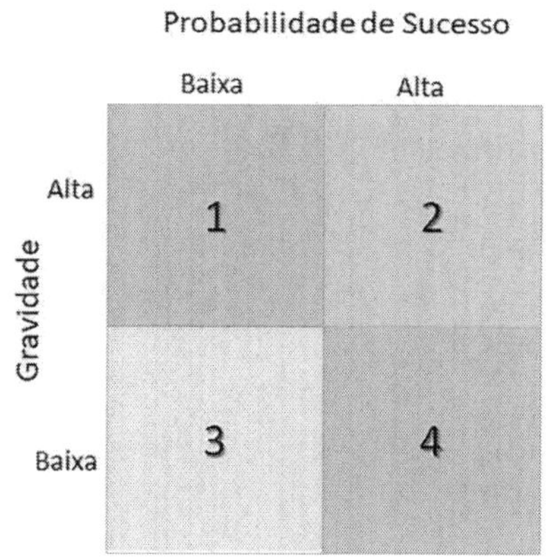


**Figura 6.** Matriz das Ameaças.

O sucesso de uma empresa depende, em grande parte, da sua capacidade em superar as forças da concorrência. Ser competente não é garantia de vantagem competitiva, mas a empresa que gerar mais valor para o cliente terá, certamente, o melhor desempenho.

**Um aumento considerável no número de pessoas veganas em uma determinada população pode representar uma oportunidade para restaurantes com alimentação vegana e ao mesmo tempo uma ameaça para churrasqueiras de carne bovina.**

## 3.8. Metas, estratégias e formulação de programas

Após a realização da análise SWOT, a organização desenvolve metas específicas, ou seja, objetivos com prazos definidos. A formulação destas metas facilita o planeamento, a implementação e o controlo. As metas devem respeitar quatro critérios:

1. Devem estar organizadas hierarquicamente, ou seja, do mais para o menos importante;
2. Devem ser definidas quantitativamente, de forma a serem mensuráveis (exemplo: o crescimento das vendas será de 5% no próximo ano);
3. Devem ser realistas, ou seja, devem estar baseadas na análise de oportunidades e dos pontos fortes da empresa;
4. Devem ser consistentes, isto é, devem estar relacionadas entre si.

Por sua vez, as estratégias representam planos para a realização destas metas. Segundo Porter (1996), as estratégias de marketing podem ser apresentadas em três grandes grupos:

1. Penetração de mercado: com a liderança de custos, a empresa deve conseguir ter um baixo custo de produção e de distribuição para oferecer produtos e serviços com preços mais baixos dos da concorrência.

**Globalmente, os bens de grande consumo procuram ter uma estratégia de penetração de mercado, isto é, estarem presentes no maior número possível de pontos de venda.**

2. Diferenciação: a organização pretende ser superior face à concorrência em termos de desempenho de benefícios específicos para a maioria dos consumidores de determinado mercado. A organização vai apostar nos pontos fortes que lhe permitem ser líder em determinada(s) área(s) (por exemplo: qualidade ou tecnologia).

**O SuperCor do El Corte Inglés é um supermercado que apresenta uma estratégia de diferenciação procurando captar um segmento-alvo de consumidores urbanos, classe média/alta que não privilegiam produtos *low-cost*.**

3. Foco: visa atender um ou mais segmentos específicos de mercado. A empresa tem uma relação próxima e apresenta todas as condições que lhe permitem concentrar-se numa liderança de custos ou de diferenciação para um segmento-alvo específico.

**O Picard é um supermercado francês de produtos congelados e pode ser considerado como um exemplo de foco, já que atende a um nicho de mercado, isto é, de comida congelada.**

Assim sendo, é extremamente importante para uma organização definir a estratégia a ser implementada para que possa conquistar mais lucro e não cometer o erro de tentar tudo para obter lucro, o que pode ditar o seu fracasso. Após o desenvolvimento das estratégias, a organização deve elaborar programas detalhados para o produto, o preço, a distribuição e a comunicação, que servirão de apoio à realização dessas estratégias.

## 3.9. Implementação e controlo

Nesta fase, o planeamento estratégico é colocado em prática. A implementação é composta por dois importantes elementos:

1. Elementos estruturais: estão diretamente relacionados com o que foi definido no planeamento, ou seja, com as adaptações necessárias na estrutura física da organização, com os seus sistemas e com a estratégia que será implementada.

2. Elementos humanos: quando presentes, a entrega da estratégia aos clientes é mais provável de ser bem sucedida (exemplo: competência da equipa e capacidades dos colaboradores).

Após a implementação das estratégias a organização deve monitorizar os resultados e a dinâmica que ocorre no seu ambiente interno e externo. Como são várias as mudanças que podem ocorrer, a empresa deverá estar atenta e o planeamento estratégico deverá ser sempre revisto quando necessário.

# 4. AS DECISÕES ESTRATÉGICAS NO MARKETING

Chamam-se decisões estratégicas às que não estão sujeitas a alterações frequentes: são transversais, impactam todos os setores e departamentos da empresa e fundamentam as decisões do *mix* de marketing. Incluem-se, nestas decisões, a Segmentação do mercado, o *Targeting*, ou a escolha do(s) público(s)-alvo, e o Posicionamento.

## 4.1. A Segmentação

A partir dos anos 80, com o advento do marketing relacional e por oposição ao marketing de massas, as organizações passaram a encarar os mercados como algo mais do que uma enorme massa indiferenciada e homogénea. Na realidade, o público de um produto ou serviço dificilmente é homogéneo; milhares ou milhões de pessoas têm, como é natural, gostos, necessidades e perfis de compras distintos. Em marketing, a segmentação é uma ferramenta essencial para a escolha dos públicos-alvo e, em consequência, para a eficácia dos esforços de marketing.

**Designa-se por Segmentação o processo de divisão do mercado de clientes potenciais em segmentos com características afins, em termos de necessidades e gostos. Entre estes segmentos de público, um ou mais serão, depois, escolhidos como alvos da empresa.**

Os segmentos identificados num mercado devem ser suficientemente distintos uns dos outros, por forma a justificarem políticas de marca diferentes. O processo de segmentação deve obedecer a três principais parâmetros:

1. Ser pertinente: deve ter relevância e estar ligado ao comportamento dos consumidores. Segmentar um mercado em grupos de pessoas de acordo com a cor dos olhos ou com o mês de nascimento é bem provável que não sirva para grande coisa;
2. Ser mensurável: o que não pode ser medido não tem interesse como segmento-alvo. Um segmento de mercado deve poder ser medido para que se possa perceber o seu nível de importância;
3. Ser operacional: passível de poder ser objeto de ações de marketing.

A segmentação é, também, um processo faseado que se inicia com a seleção dos critérios de segmentação, que podem ser vários:

- Demográficos: critérios como o género, dimensão familiar, idade, nível de escolaridade ou ocupação são exemplos da segmentação demográfica que marcou as políticas de marketing de muitas empresas durante largos anos;

**A Zara é uma marca que utiliza segmentação demográfica, já que comercializa roupas para crianças e adultos (idade) e para pessoas de género feminino e masculino (género).**

- Geográficos: a divisão do mercado em regiões, cidades, áreas rurais ou até mesmo por proximidade ou afastamento do mar, por exemplo, faz sentido para empresas que precisam de distribuir o seu esforço de vendas pelo país.

**Jeronymo é uma cadeia de *coffee shops* portuguesa que utiliza segmentação geográfica uma vez que não está presente em todo o território português, mas apenas em determinadas regiões.**

- Psicográficos (comportamentais, estilos de vida e personalidade): referem-se às características estáveis das pessoas e são mais dificilmente observáveis do que os critérios demográficos. Estes fatores são especialmente importantes em compras *online* ou, por exemplo, na escolha de produtos pré-preparados, muito úteis para indivíduos com horários de trabalho incertos, exigentes e por turnos, tal como são relevantes na identificação dos benefícios procurados no produto ou a ocasião de consumo.

**A marca Mimosa introduziu no mercado um leite com mais proteínas e com menos gorduras. Este produto foi orientado para consumidores com estilo de vida mais saudável e que se preocupam com a prática de exercício físico, exemplificando a segmentação psicográfica.**

- Sociais e Económicos: o nível de instrução, o rendimento disponível ou até mesmo a religião podem condicionar o tipo de compras que se faz.

**Muitas empresas têm em consideração o fator económico dos seus consumidores e oferecem produtos diferentes (simples, *premium*) com preços diferentes.**

- Atitudes: a atitude face a um determinado produto ou serviço pode influenciar o padrão de compras de um indivíduo. Ser contra ou a favor de algo, ser ou não ser um *first mover* impacta a decisão de compra.

**A marca Apple pode ser considerada como exemplo de empresa que utiliza as atitudes enquanto critério de segmentação, visto que os seus consumidores apresentam uma atitude extremamente favorável à marca.**

- Outros critérios: a repartição do mercado pode ser feita, ainda, em grupos com afinidades baseadas nas quantidades adquiridas, na rendibilidade que o segmento traz à empresa, em função dos hábitos de utilização, ou outros.
- Segmentação multicritério: articulação de dois ou mais critérios.

Identificados que estejam os critérios adequados à segmentação do mercado, segue-se a avaliação dos segmentos que é realizada com base em três critérios principais:

1. Dimensão e potencial crescimento do segmento: para todos os efeitos, convém que o tamanho do segmento esteja em consonância com a dimensão da empresa ou, mais exatamente, com a capacidade que ela possa ter de dar resposta às necessidades de um segmento de grande dimensão.

   Não obstante o comércio eletrónico poder colocar em concorrência grandes e pequenas empresas, diminuindo ou até anulando as diferenças geográficas ou de dimensão, a empresa deve ter o cuidado de escolher clientes à sua escala de valores.

   Por outro lado, um segmento pequeno mas com elevado crescimento pode ter um valor esperado suficientemente interessante para que a empresa pondere apostar nele. Um nicho de mercado, por exemplo, pode ser muito rentável se a empresa tiver uma estratégia cuidadosa de especialização.
2. Atratividade do segmento: o nível de concorrência, a (in)existência de vários produtos substitutos, ou mesmo o poder de negociação com fornecedores influenciam a atratividade que um segmento de mercado pode ter, razão por que devem ser ponderados na escolha dos segmentos-alvo.
3. Os recursos e a estratégia da empresa também pesam na escolha dos segmentos mais adequados; um segmento pode ter de ser abandonado, não exatamente por ser desinteressante, mas porque não é operacionalizável com os recursos e competências da empresa.

**A fase de *Targeting*, ou a seleção do(s) público(s)-alvo com interesse para a organização, é a continuação natural da segmentação do mercado e a sua razão de ser.**

Escolhidos os segmentos com mais interesse, é preciso, agora, identificar uma estratégia para cada segmento selecionado, nomeadamente decidindo quais os produtos, tipos de embalagens, formas de comunicação e distribuição para cada segmento-alvo escolhido. Trata-se, afinal, de uma estratégia oposta à do marketing de massas, que ignora as diferenças existentes entre consumidores, direcionando todas as suas ações para um consumidor-médio estimado.

No marketing digital, pelo contrário, o utilizador é conhecido, sendo possível identificar a sua pegada digital, como veremos mais adiante.

## 4.2. O Posicionamento

A definição de um posicionamento para uma marca (institucional ou produto) é, porventura, a decisão mais relevante e com mais implicações ao nível da estratégia de marketing; dos públicos-alvo escolhidos e do posicionamento pretendido dependem todas as decisões operacionais da organização. Muitas vezes subestimado, e até mal utilizado, o posicionamento traduz uma escolha: a empresa decide que quer ser reconhecida de uma determinada forma (e não de outras) e, por decorrência, que se pretende afirmar junto de determinados segmentos de público e não de outros.

**O posicionamento percebido de uma marca deve refletir a característica diferenciadora da mesma face às concorrentes e tem como referência um determinado alvo. Trata-se da forma como as pessoas percebem a marca, aquilo que se destaca na mente do público ao ouvir o nome da marca.**

Independentemente da vontade da empresa, cada marca adquire o seu posicionamento próprio, quer este seja definido pelo proprietário da marca, quer ele seja construído pelo público a partir de experiências próprias e alheias. Esta associação mental é, no limite, responsável pela vontade de (des)aproximação do indivíduo por essa marca.

O posicionamento do supermercado Continente pode ser percebido no popular *slogan* "o que rende é ir ao Continente". O supermercado estabelece aqui a sua proposta de valor, pautado na ideia do "rende" em relação às economias que as famílias podem fazer e também na relação com o tempo, já que se pode fazer compras mais eficientes em um local onde há grande diversidade de produtos.

Assim sendo, o responsável de marketing terá todo o interesse em comunicar bem o posicionamento pretendido baseado na proposição de valor do produto ou serviço, antes que seja o próprio público a delineá-lo, particularmente os alvos da empresa ou até mesmo os seus concorrentes.

### *4.2.1. Características do Posicionamento*

Frequentemente confundido com a imagem de uma marca, o posicionamento é um conceito cognitivo e dificilmente alterável na nossa mente. Autores como Jack Trout e Al Ries referem-se ao posicionamento como "aquelas escadinhas dentro da sua cabeça". Escadinhas porquê? Porque a marca que alcance o 1.º lugar na cabeça do consumidor, no que se refere à satisfação de uma dada necessidade, dificilmente será destronada dessa posição.

A mais comum declaração de posicionamento deve poder traduzir-se numa frase curta que identifique o que é a marca, a sua mais-valia e o alvo pretendido. Como segue:

DECLARAÇÃO DE POSICIONAMENTO

**Para mulheres jovens e preocupadas em comer bem, PANTINO é uma marca de alimentos pré-preparados totalmente orgânicos, que assegura uma alimentação completa e saudável.**

A formulação de um posicionamento implica um diagnóstico cuidadoso sobre os benefícios que os consumidores-alvo pretendem receber da categoria de bens ou serviços, a identificação do que a empresa tem para lhe oferecer e o que a concorrência disponibiliza no mercado, bem como o modo como esta é percebida (figura 7).

Como ilustra a figura 7, o posicionamento ideal é aquele que resulta da interseção da proposta de valor da marca com os desejos reais dos consumidores dessa categoria de bens, razão pela qual é imprescindível conhecer bem o mercado onde se opera e as propostas concorrentes. Um bom posicionamento de mercado é o que consegue resolver necessidades não satisfeitas pela concorrência.

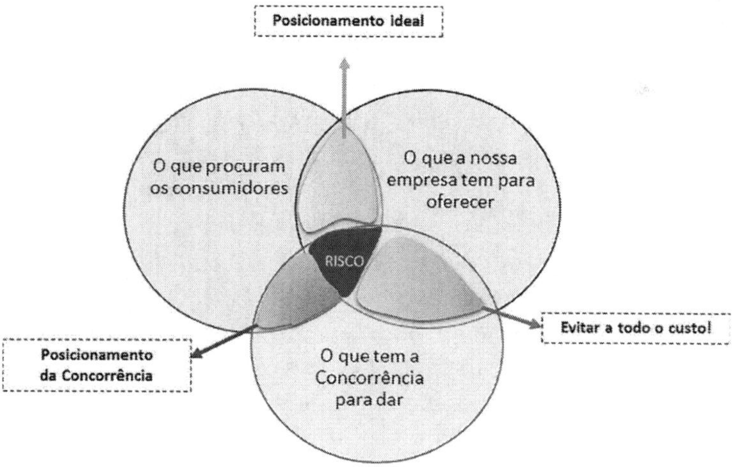


**Figura 7.** O triângulo do Posicionamento.

### *4.2.2. Mapas percetuais*

Para definição do posicionamento, é útil elaborar um mapa percetual, com duas dimensões de análise, onde se colocam quer a marca em estudo quer as mais diretamente concorrentes (figura 8).

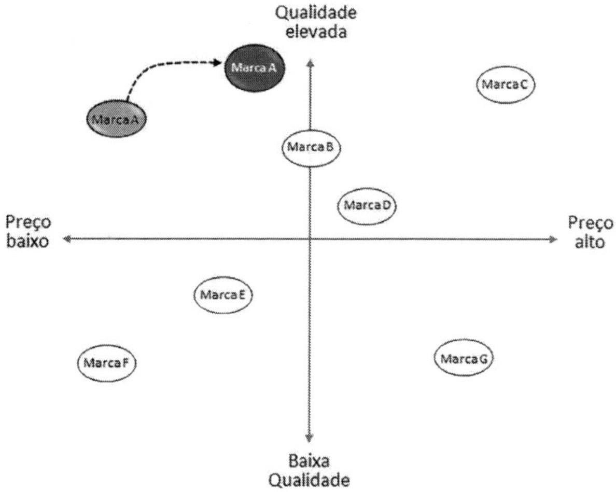


**Figura 8.** Exemplo de mapa percetual.

O objetivo dos mapas percetuais é identificar a posição competitiva da marca e delinear a orientação a percorrer para chegar à posição pretendida. No exemplo acima, a marca A – percebida como tendo preço baixo e qualidade média – tem como objetivo evoluir para um posicionamento de preço menos baixo, sendo vista como tendo uma qualidade superior.

A importância crucial do posicionamento de marca numa estratégia de marketing prende-se com o facto de ele condicionar fortemente todas as variáveis operacionais que veremos em seguida. Do posicionamento pretendido dependem, para o produtor, as decisões ao nível do produto, o nível de preço definido, os locais onde a marca está à venda, os intervenientes no circuito de distribuição e os argumentos e o tom da comunicação.

Por outro lado, na perspetiva do retalhista e do ponto de venda, o posicionamento percebido da loja condicionará o sortido, o preço considerado aceitável e as ações de comunicação.

# 5. A MARCA

*"Os produtos são feitos nas fábricas; as marcas são feitas nas cabeças dos consumidores."*

O que esta frase – mil vezes repetida a ponto de já não se lhe conhecer o autor – é, porventura, a ideia mais importante na literatura da Marca.

Tanto juridicamente como no contexto do marketing ou até para a semiótica – a ciência dos signos – a Marca é um sinal; um sinal que distingue, que diferencia um produto de outro, atribuindo-lhe uma mais-valia e protegendo-o de imitações.

A designação anglo-saxónica *brand* tem a sua origem no antigo escandinavo "*brandr*". O seu significado era literalmente associado ao ato de queimar, pelo que a designação "marca" (*brand*) passou a estar associada ao ato ou efeito de marcar. Eram, desta forma, "marcadas" as cabeças e peças de gado com o objetivo de identificar a propriedade e posse de bens materiais.

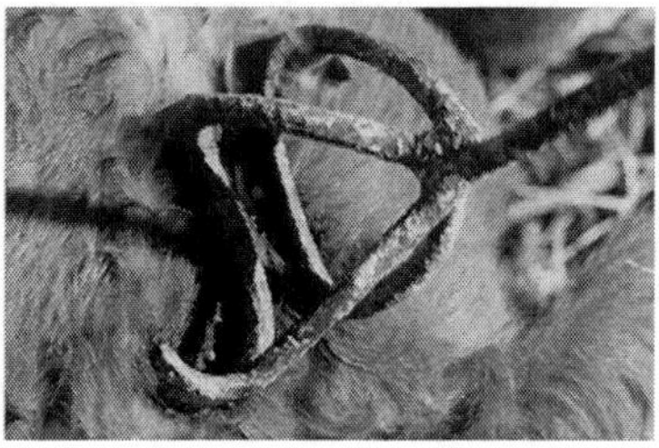

**Imagem 1.** As origens da marca.

Enquanto símbolo/desenho, as marcas existem desde a Pré-História, tendo sido, porém, na Antiguidade, com a heráldica (a ciência que estuda os brasões), que a marca adquire a conotação de valor distintivo ou de identificação. Nesta época, floresceram os brasões identificativos dos seus proprietários. Foi, contudo, na Idade Média, com a vulgarização dos mercados, que a marca passou a ser também sinónimo de proteção legal e de segurança para o comprador.

A identificação dos produtos e a sua proteção são, ainda, hoje funções das marcas tal como as conhecemos.

## 5.1. Funções da marca

Do ponto de vista legal, uma marca é, segundo o artigo 333, nº 1 do Código da Propriedade Industrial de Portugal;

**"um sinal distintivo de produtos ou serviços que pode ser constituída por um sinal ou conjunto de sinais, suscetíveis de representação gráfica (...) que sejam adequados a distinguir os produtos ou serviços de uma empresa dos de outras empresas"**

Duas exigências relativas à constituição de uma marca sobressaem desta definição de marca na perspetiva legal:

1. Um sinal ou conjunto de sinais que têm que ser suscetíveis de uma representação gráfica;
2. A obrigatoriedade de estes sinais possuírem capacidade distintiva.

Enquanto sinal diferenciador, a marca é, também, uma relação que, segundo Lencastre (2001) se estabelece de forma triangular entre um objeto, um sinal (de identidade) e um interpretante (os públicos) conforme é ilustrado na figura 9.

**Figura 9.** A relação triádica da marca enquanto sinal

**Fonte:** Adaptado de Lencastre (2001)

Como ilustra a figura 9, são três os pilares que explicam a relação de uma marca com os seus públicos, enquanto sinal distintivo. No pilar do objeto – explica Lencastre (2001) – temos uma marca e o que ela é verdadeiramente (a sua história, missão, valores, o marketing que faz). No pilar da identidade, a parte visível da marca, sobressai o que é sinalizado para o mercado: um nome, um ou vários sinais gráficos diferenciadores, um slogan, um odor).

Por fim, todos estes sinais são apreendidos e filtrados pelo mercado que, a partir deles e do pilar do objeto, constrói uma imagem que associa à marca. A marca é, assim, uma interpretação construída na mente do consumidor a partir de um conjunto de sinais. Entre os muitos sinais que uma marca pode ter, destacamos aqueles que são apresentados na tabela 3:

**Tabela 3.** Os Sinais da Marca

| Um nome: **Mateus Rosé**;<br>**TAP** (Transportes Aéreos Portugueses) | Pode ter ou não um genérico que o complemente – atividade ou categoria de produtos. |
|---|---|
| Um logotipo: | Sinal visual que, associado ao nome, identifica a marca. Pode ser composto pelo *lettering* em combinação com o desenho e por uma determinada cor padrão. |
| Uma mascote: | Bibendum, a mascote da Michelin: um boneco que simboliza a marca e tangibiliza os valores e associações da marca. |
| A assinatura | *"The best or nothing"* – A assinatura corresponde a uma identidade nominal e pode complementar o logotipo. É frequentemente utilizado como sinónimo de *slogan*. |
| Uma cor padrão: | Trata-se de uma ou mais cores (normalmente provenientes das cores do logotipo) utilizadas sempre nos mesmos tons e que também contribuem para a identidade da marca. |
| Um alfabeto padrão: | Pode ser empregado para escrever toda a informação da empresa (folhetos, catálogos, correspondência). |
| Uma identidade sonora ou olfativa: | Ex: O som do Windows, quando se abre o computador ou o som tradicional da Nokia. |

## 5.2. Qualidades de uma boa marca

Enquanto sinalização de um objeto, a marca tem, do ponto de vista do marketing, um conjunto de requisitos que contribuem para o seu sucesso. Por exemplo:

- Facilidade de memorização (Olá);
- Capacidade de atribuir significado (Duracell): o próprio nome remete para o benefício prometido, isto é, dura mais;
- Capacidade de incutir sentimentos positivos (Happy Meal);
- Possibilidade de transferência para outras áreas: a marca Casa das Lâmpadas, por exemplo, limita uma eventual transferência para outra área de mercado;
- Adaptabilidade (Lego);
- Possibilidade de proteção (Aspirina, da Bayer).

## 5.3. A Notoriedade da marca

O conhecimento é particularmente importante numa marca porque ele é a base do valor da marca. Dito por outras palavras, uma marca só tem valor comercial se for conhecida e estiver acessível no mercado porque as pessoas não compram aquilo que não conhecem e não veem.

A notoriedade (*awareness*, na literatura anglo-americana) é um conceito neutro; significa o quanto a marca é conhecida e capaz de ser referida como pertencendo a uma dada categoria e mede-se em pontos percentuais; não remete diretamente para uma ideia negativa ou positiva que as pessoas possam ter sobre essa marca. Dizer, por exemplo, que uma determinada marca de detergente tem, em Portugal, uma notoriedade de 23% significa que, da amostra inquirida, 23 pessoas em cada 100 reconheceram a marca como pertencente à categoria de detergentes. Independentemente de serem ou não consumidores da mesma e da opinião positiva ou negativa que possam ter sobre a mesma.

A figura 10 remete para os vários níveis do conhecimento de uma marca. Na base da pirâmide, estão as pessoas que não conseguem identificar a marca dentro da categoria de produto a que pertence. Acima desta primeira fase, o reconhecimento da marca diz respeito

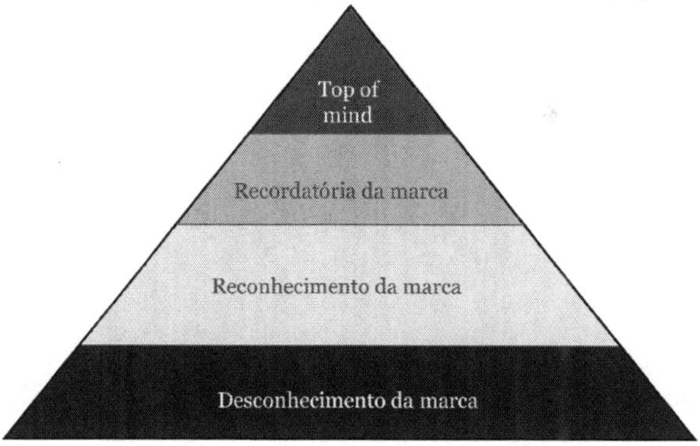


**Figura 10.** Pirâmide da Notoriedade. **Fonte:** Adaptado de Aaker, 1991, p.62.

a pessoas que conseguem reconhecer a marca quando esta é referida conjuntamente com outras marcas. Este nível de notoriedade designa-se por assistida ou conduzida.

O nível de recordatória ou evocação de marca alude à situação em que o inquirido refere espontaneamente o nome da marca quando solicitado a dizer marcas de uma determinada categoria. É a notoriedade espontânea cujo expoente máximo ocorre quando a marca é a primeira a ser referida espontaneamente; neste caso diz-se que a marca tem x% de notoriedade *top of mind*.

A notoriedade assistida corresponde a um estado de conhecimento de marca benéfico para o seu proprietário, mas, como é natural, a situação ideal é que a marca detenha um elevado nível de notoriedade espontânea, porque tal significa uma maior probabilidade de o consumidor procurar a marca no ponto de venda.

**O patamar máximo de conhecimento da marca ocorre quando a marca é confundida com a categoria do produto como sucede com as marcas Gillette, *Post-it*, Tupperware ou Aspirina. Contudo, esta imensa notoriedade pode não resultar em vendas a partir do momento em que as pessoas referem o nome da marca, mas adquirem outra (veja-se, por exemplo, o caso da Kispo). Assim, embora possa parecer a situação ideal, confundir a marca com a categoria de produto pode não ser benéfico para a empresa dona da marca.**

A criação ou acréscimo de notoriedade da marca é, com frequência, o grande objetivo delineado para as campanhas publicitárias e para a comunicação em geral.

# 6. AS VARIÁVEIS OPERACIONAIS – O MARKETING MIX

Uma das principais e mais utilizadas ferramentas para operacionalizar o marketing é o Marketing *Mix*.

**Tradicionalmente denominados por 4P's do Marketing, são considerados os pilares de uma estratégia de Marketing: *Product* (Produto), *Price* (Preço), *Promotion* (Comunicação) e *Place* (Distribuição).**

Portanto, esta ferramenta apresenta as variáveis que as empresas controlam e gerem. Cada um destes elementos do *mix* de marketing são pensados cuidadosamente de acordo com os objetivos e posicionamento da marca, pelo que se propõem estratégias adequadas a cada um deles. É, assim, formulada a estratégia global para a gestão de marketing.

O Marketing *mix* de um bem físico difere necessariamente do marketing *mix* de um serviço, uma vez que a natureza de um bem físico não é a mesma de um serviço. No âmbito da venda de serviços, o *mix* de marketing é alargado a três outras variáveis como se verá mais à frente. Os chamados 4 P's do Marketing (figura 11) correspondem a decisões que qualquer produtor ou distribuidor tem de tomar no que concerne à gestão do seu negócio segundo uma abordagem de marketing.

**Figura 11.** O *mix* de Marketing tradicional.

## 6.1. A variável Produto

**O produto (bem físico ou serviço) é tudo aquilo que a empresa oferece no mercado, com o objetivo de responder à satisfação de necessidades ou desejos dos consumidores (Kotler, 2000).**

Geralmente, um produto pode ser considerado um bem físico (exemplo: *smartphone*) ou um serviço (exemplo: aula). Os produtos digitais são todos aqueles que podem ser apresentados em formato digital, ou seja, são os produtos de informação digital (exemplo: *softwares*) e os serviços digitais associados (exemplo: compra *online* – encomenda e pagamento). Estes produtos não se esgotam quando são consumidos, têm um custo de produção e de distribuição insignificantes e podem ser duplicados infinitamente.

São várias as decisões subjacentes à política de produto de uma empresa, sendo de destacar o portefólio de produtos e os seus atributos, a embalagem, a política de gama e os serviços adicionais associados a esta oferta.

### 6.1.1. *Níveis de produto*

O produto pode ser analisado do ponto de vista dos níveis que pode assumir. Estes níveis são cinco (figura 12) e, em conjunto, formam uma hierarquia que acrescenta valor para o consumidor.

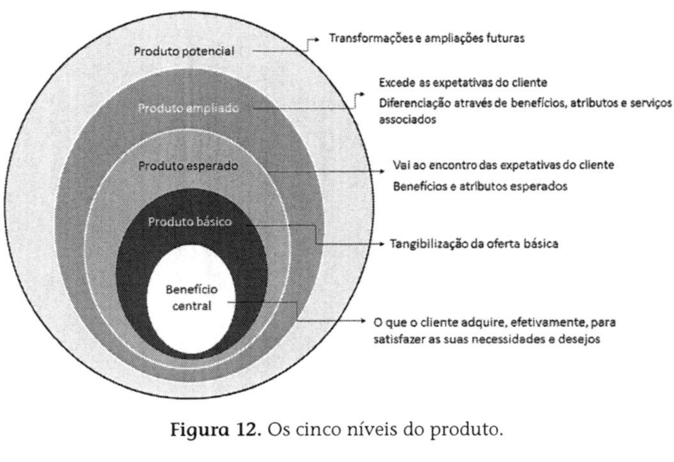


**Figura 12.** Os cinco níveis do produto.

- Benefício central: a justificação para a existência do produto;

**Um quarto de hotel é um lugar para dormir ou descansar.**

- Produto básico: os benefícios básicos do produto;

**Um quarto de hotel necessita de ter uma cama, lençóis e almofadas.**

- Produto esperado: o que se espera, no mínimo, do produto;

**No quarto de hotel, a cama deve ser limpa e confortável e o quarto silencioso.**

- Produto ampliado: os atributos do produto que vão para além daquilo que é esperado;

**Ter spa, ou oferecer o serviço de concierge e uma taça de Champagne de boas vindas à chegada ao hotel.**

- Produto potencial: o potencial que o produto apresenta para se modificar e tornar ideal.

**Oferecer um pequeno almoço com opções para diferentes dietas e a programação da TV ser adaptada aos interesses do cliente podem ser algumas das possibilidades.**

A passagem para um nível mais elevado agrega valor ao produto e, consequentemente, ao consumidor. Convém realçar que cada cliente tem necessidades e desejos distintos, pelo que a classificação através dos cinco níveis de produto pode variar. A título de exemplo, se um consumidor procura um hotel de luxo, ter televisão no quarto pode ser um atributo de produto básico. Contudo, se o foco do consumidor é ficar hospedado ao menor preço possível, ter televisão no quarto, neste caso em particular, é considerado ao nível do produto ampliado.

### *6.1.2. Bens de consumo e bens industriais*

Os produtos podem ser distinguidos entre bens de consumo (todos os bens referidos anteriormente) e bens industriais, tais como matérias-primas, instalações de equipamentos e serviços profissionais).

Enquanto bens de consumo, os produtos podem, ainda, ser classificados em três grandes grupos, de acordo com a sua durabilidade e tangibilidade:

- Bens duráveis, ou seja, tangíveis e que podem ser utilizados por um período de tempo alargado (exemplo: casa, automóvel, *smartphone*);
- Bens não duráveis, ou seja, bens tangíveis que, em contrapartida, são usados ou consumidos num curto período de tempo (exemplo: alimentos perecíveis, combustível, produtos de limpeza);
- Serviços, ou seja, produtos intangíveis, com duração finita (exemplo: evento desportivo ou serviço de massagem).

Os bens de consumo podem ser classificados em quatro grupos distintos, de acordo com os hábitos de compra:

1. Bens de conveniência: bens adquiridos com frequência, cuja aquisição requer um esforço mínimo (exemplo: chocolates e jornais);

2. Bens de compra comparada: bens que durante o processo de seleção e de decisão de compra são comparados pelo consumidor em termos de qualidade, modelo e preço (exemplo: vestuário e eletrodomésticos);
3. Bens de especialidade: bens com características únicas pelas quais os clientes estão dispostos a fazer um esforço adicional para os conseguirem adquirir, ou seja, através do pagamento de um preço mais elevado ou pelo esforço adicional em termos de tempo ou da distância (exemplo: automóveis raros e outros bens de luxo e antiguidades).
4. Bens não procurados: bens que o consumidor não equaciona comprar ou que desconhece (exemplo: seguros de vida e lápides).

De acordo com o envolvimento do consumidor na compra, assim o processo de decisão de compra será mais ou menos complexo e demorado.

### 6.1.3. *Características dos produtos*

O desenvolvimento e a diferenciação de um produto requerem a definição de diversos aspetos, tais como cor, *design*, embalagem, entre outros. A escolha da cor do produto influencia na diferenciação e ajuda a chamar a atenção. O *design* está relacionado com a forma do produto e expressa, sobretudo, o seu estilo.

A embalagem é uma das principais componentes de um produto e representa, inúmeras vezes, o principal custo na composição do preço final do produto. No ponto de venda, a embalagem apresenta-se como uma importante ferramenta de comunicação. Existem três níveis de embalagem:

- Primária, aquela que está em contacto direto com o produto e contém cada unidade de consumo;
- Secundária, de reagrupamento de várias unidades de consumo e constituindo uma unidade de venda;
- Terciária, aquela que permite transportar várias unidades de produto para o ponto de venda.

Em termos das suas características, uma embalagem deve ser funcional (facilitar o uso do produto), esteticamente agradável (melhorar a aparência do produto), sugerir qualidade e ser distintiva (face à concorrência). Para além destes aspetos, a embalagem assume diferentes funções:

- Funções técnicas: acondicionamento, proteção e conservação do produto, proteção do ambiente (quando é, por exemplo, reciclável), facilitação do transporte e do manuseamento do produto;
- Funções de comunicação: informativa (informações úteis ou legalmente obrigatórias), impacto visual, identificação e reconhecimento da marca, despertando o desejo de compra e contribuindo para a construção de uma perceção positiva da marca.

Por vezes, a embalagem do produto pretende ser mais do que apenas um invólucro; a garrafa Voss tem como objetivo ser reutilizada. Termina o produto, mas a embalagem permanece.

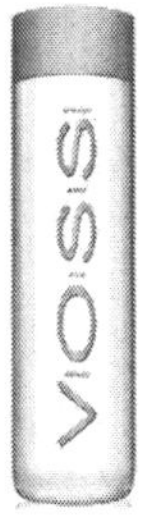


**Imagem 2.** Voss, mais do que uma água

### *6.1.4. O Ciclo de vida do produto*

O ciclo de vida do produto pode ser dividido em quatro fases: introdução, crescimento, maturidade e declínio. Na figura 13 podem ver-se as fases do ciclo de vida dos produtos e como se comportam as vendas e os lucros com o passar do tempo. É importante salientar que este mesmo ciclo de vida pode ser aplicado para se analisar uma categoria de produtos ou uma marca.

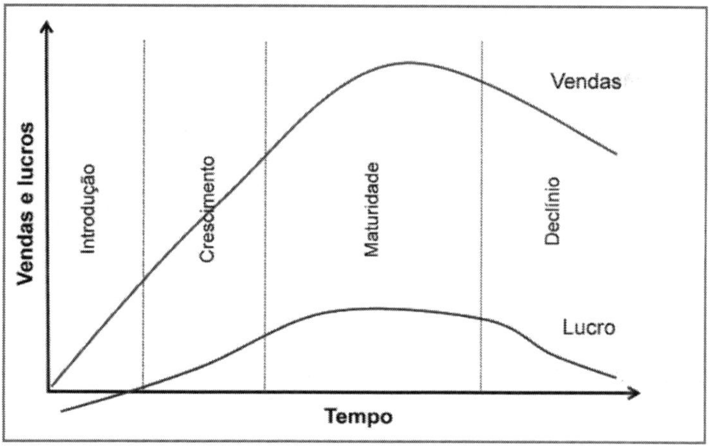


**Figura 13.** O ciclo de vida do produto.
**Fonte:** Adaptada de Kotler (2000).

A introdução é a primeira fase do ciclo de vida do produto na qual ele está a ser lançado no mercado. Esta fase é caracterizada por ser um período de poucas vendas e nenhum lucro devido aos altos custos com a introdução do produto (exemplo: telemóveis com visor dobrável).

A segunda fase do ciclo de vida dos produtos é o crescimento, com um aumento nas vendas devido a aceitação do produto no mercado e consequente aumento dos lucros (exemplo: relógios para controlo de treinos de corrida).

A terceira fase do ciclo de vida do produto é a maturidade. Nesta fase há uma baixa nas vendas, pois o produto já alcançou os seus clientes potenciais, além de uma estagnação ou diminuição dos lucros devido a alta competição com os concorrentes (exemplo: refrigerantes).

Na última fase do ciclo de vida do produto temos um forte declínio nas vendas e nos lucros resultando na retirada do produto do mercado (exemplo: leitores de CD e DVD).

### 6.1.5. O impacto do digital na variável Produto

A utilização de canais digitais tem impacto ao nível das diversas variáveis do *mix* de marketing e não apenas na comunicação, como frequentemente se pensa. Não obstante a comunicação ser a parte mais visível da estratégia da marca nos canais digitais, estes ampliam as oportunidades e a eficácia da estratégia de marketing a vários níveis, consolidando a intervenção do consumidor no marketing da empresa, conceito que é conhecido por *Consumer Generated Marketing* (marketing gerado pelo cliente) ou *User Generated Marketing* e que pode concretizar-se quer ao nível do produto, do preço ou da comunicação.

Ao nível da variável Produto, a componente digital faz-se sentir, numa primeira fase, na existência de produtos digitais que são comercializados e entregues via *online*. É o caso dos *ebooks*, da música, dos filmes, dos artigos de jornal, onde o produto é entregue por via digital. São, fundamentalmente, produtos de informação.

Porém as potencialidades dos canais e ferramentas digitais fazem-se sentir ao nível da formatação e customização de produtos pelo próprio utilizador, sendo esta tendência cada vez mais uma realidade em vários sectores. Designa-se por cocriação e os clientes que participam na customização do produto são vulgarmente chamados de Prosumidores, isto é, alguém que é simultaneamente produtor e consumidor.

Esta tendência iniciou-se no setor automóvel, quando os fabricantes começaram a possibilitar aos compradores a formatação do automóvel ao seu gosto, conjugando as peças e acessórios do carro, mas também o tecido e o padrão dos estofos em função das suas preferências. No *site* da marca, o utilizador configura o carro, simula, experimenta e chega ao produto final.

Mais tarde, vieram os ténis e o calçado, de uma forma geral, com várias marcas a permitirem ao utilizador fazer *online* o seu próprio calçado. Atualmente, porém, a personalização de produtos chegou a todos os sectores, mesmo os mais improváveis, como é o caso dos CTT, que já permitem que os clientes personalizem o seu próprio selo, ou da Renova, que convida os clientes a fazerem os guardanapos que desejam (Figura 14).

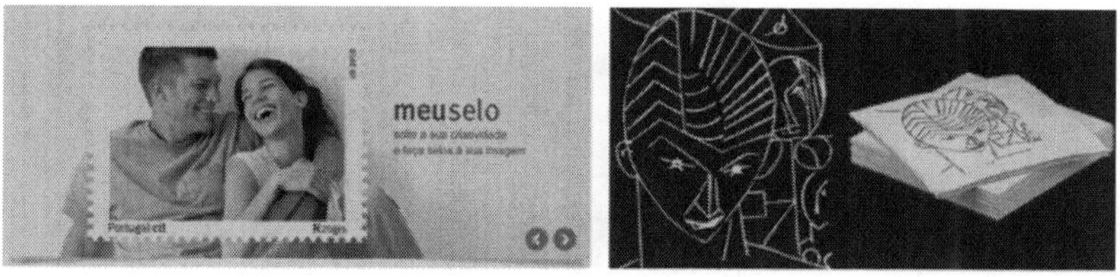


**Figura 14.** Exemplos de cocriação

Os canais digitais ajudam também na sugestão de novos produtos ou melhorias em produtos já existentes. Na realidade, são várias as empresas que ouvem os seus clientes ao ponto de os deixarem propor novos lançamentos de produto. São, de facto, autênticos estudos de mercado feitos num canal digital, com a vantagem de serem os clientes mais envolvidos a proporem novas ideias de produto.

No setor alimentar, por exemplo, as embalagens são frequentemente formatadas para chegar mais facilmente a cada consumidor. Por exemplo, a Coca-Cola fez já várias coleções de latas com nomes de pessoas e a Nutella teve, também, já frascos com etiquetas personalizadas.

## 6.2. O marketing de Serviços

Hoje, o foco das empresas é, sobretudo, no serviço e na experiência que podem oferecer aos seus clientes. Aliás, a economia, em muitos países, está muito mais alicerçada nos serviços do que nas atividades primárias. O serviço assume, por isso, uma posição de destaque e pela sua natureza, cria vários e exigentes desafios de gestão.

Portanto, grande parte de tudo aquilo que tem vindo a ser apresentado e explicado até à presente secção pode ser aplicado a um produto ou a um serviço, sendo que a teoria de marketing é passível de aplicação universal. Theodore Levitt (1960), um dos grandes especialistas em marketing, considera que todas as indústrias têm uma componente de serviço associada (umas mais do que outras). Na realidade, a maior parte dos bens que adquirimos tem uma componente de serviço associada e os serviços têm, da mesma forma, uma parte tangível.

Ao comprar uma mobília, o cliente está na expetativa de que lha entreguem em casa e isto constitui um serviço que complementa a compra física.

Por outro lado, ao adquirir um bilhete de avião, recebo um bilhete, uma tangibilização do serviço intangível que vou receber. Para além do facto de que, a própria viagem também inclui evidências físicas como o *catering*, por exemplo.

E como se classificam os serviços, ou os produtos intangíveis com duração limitada?

Antes de tudo, a definição de serviço deve ser apresentada:

**um serviço é um processo que consiste num conjunto de atividades mais ou menos intangíveis que, normalmente, acontecem na interação entre pessoas, ou seja, entre o cliente e os prestadores de serviço e/ou que constituem uma solução para os problemas do cliente. Posto isto, a criação de uma forte proposta de valor é crítica para as organizações de serviços.**

É, então, importante distinguir entre os serviços associados a um produto, cujo objetivo é o de complementar o produto, e um serviço propriamente dito. Existem, como já foi referido, inúmeros serviços que podem estar associados a um produto e que devem ser definidos pela empresa aquando das decisões sobre a política do produto. Estes serviços são categorizados de acordo com a etapa do processo de compra: serviços que antecedem a compra (exemplo: aconselhamento), serviços de compra (exemplo: tipos de pagamento – crédito) e serviços pós-venda (exemplo: entrega e programas de fidelização).

### *6.2.1. Características dos Serviços*

Os serviços têm características únicas que os distinguem dos bens físicos e industriais, sendo quatro as características mais comumente atribuídas:

1. Intangibilidade: os serviços são abstratos. Não podem ser vistos, provados ou sentidos antes do seu consumo. Aquando da sua aquisição, o cliente procura evidências da qualidade do serviço nas instalações, nos equipamentos, nos materiais, nos prestadores do serviço, entre outros. Desta forma, o cliente tenta tangibilizar aquilo que é intangível e é nisso que a empresa aposta – tornar visível o invisível.

**Um consumidor necessita de reservar um hotel para uma ocasião especial. Para tal, vai procurar evidências da sua qualidade, por exemplo, através das redes sociais do hotel, dos colaboradores, dos preços comunicados, dos quartos (se é um espaço adequado, limpo, com equipamentos modernos).**

2. Heterogeneidade: os serviços não são *standard* e variam em função do prestador de serviço, do cliente e de onde e quando são fornecidos. O desafio é conseguir definir padrões mínimos de que garantam um desempenho adequado do serviço e que este seja assim percecionado pelo cliente.

**Uma aula, com os mesmos conteúdos programáticos, poderá ser lecionada de diferentes formas por diferentes professores. A abordagem pode diferir não colocando em causa o conteúdo, uma vez que o prestador de serviço não é o mesmo.**

3. Inseparabilidade: os serviços são produzidos e consumidos ao mesmo tempo, pelo que a sua existência só acontece com a

presença do prestador de serviço e do cliente, que também participa no processo.

**Numa consulta médica, ao mesmo tempo que o médico produz a consulta, o paciente consome-a, enquanto cliente do serviço. O momento de produção e consumo são simultâneos.**

4. Perecibilidade: não são passíveis de serem armazenados por serem produzidos ao mesmo tempo em que são consumidos, pelo que não há lugar a inventário.

**Uma companhia aérea que não consiga vender os 100 lugares disponíveis para determinado voo, não os irá conseguir recuperar novamente, após o voo acontecer. Por isso, estas empresas costumam fazer descontos e disponibilizar os bilhetes mais baratos para quem os compra com alguma antecedência.**

Ainda que existam exceções, e um serviço possa não possuir todas as características mencionadas anteriormente, a grande maioria não envolve a transferência de propriedade tal como acontece no caso dos bens físicos.

Na realidade, e de acordo com Kotler (2000), existem diversas variações ao nível da tangibilidade, podendo ir desde um produto puro a um serviço puro, sendo que estas variações podem ser representadas através de um *continuum* que abrange todos os níveis de intangibilidade:

- Produto puro: oferta tangível (exemplo: arroz, sal ou chá);
- Produto tangível com serviços associados: a oferta é construída com serviços subjacentes de forma a tornar-se mais atrativa para o cliente (exemplo: computadores);
- Serviço com bens físicos associados: a oferta é praticamente um serviço, mas tem um elemento tangível associado (exemplo: passagem aérea pode incluir refeições);
- Serviço puro: a oferta é intangível e é adquirida experiência (exemplo: formação, serviço de cabeleireiro).

Para um gestor, perceber se o serviço que presta é mais tangível ou intangível, permite-lhe tornar o serviço mais benéfico e vantajoso para o cliente. Lovelock (1983) vai mais longe e classifica, ainda, os serviços em quatro categorias que variam de acordo com a natureza da ação do serviço e o recetor direto do serviço distinguindo entre ações:

1. Tangíveis destinadas a pessoas;
2. Tangíveis focadas em bens físicos;
3. Intangíveis direcionadas para pessoas e
4. Intangíveis direcionadas para ativos intangíveis das pessoas.

### *6.2.2. Variáveis do mix de marketing dos Serviços*

Um serviço tem, pelas características que apresenta e que foram identificadas anteriormente, um *mix* de marketing mais alargado. Neste caso, são sete as variáveis que o constituem, ou seja, são adicionadas três novas variáveis – pessoas, processos e evidência física – às quatro variáveis anteriormente identificadas, nomeadamente: produto, comunicação, preço e distribuição (Kotler, 2000).

#### *6.2.2.1. Pessoas*

O serviço é coproduzido pelo prestador do serviço e pelo consumidor. Aqui estão incluídos todos os indivíduos envolvidos, direta ou indiretamente, na produção e na entrega do serviço. A formação, a motivação e a orientação para o cliente são aspetos relevantes e nos quais as empresas devem apostar, sobretudo quando se trata da prestação/ /entrega de um serviço que envolve um elevado nível de contacto com o cliente, uma vez que a qualidade do serviço é determinada pela qualidade e comportamento do *staff* da empresa em questão.

**Um massagista, para que possa realizar a massagem pretendida pelo cliente, necessita de ter formação específica.**

#### *6.2.2.2. Processos*

Para que um serviço possa ser, prestado devidamente, há procedimentos subjacentes, o mesmo será dizer, mecanismos, métodos e fluxos necessários para que seja possível a padronização e a entrega eficaz do serviço. Estes procedimentos que influenciam o modo como o serviço é criado e entregue aos clientes, devem ser devidamente definidos.

**Se um cliente pretender abastecer com combustível a sua viatura, existem alguns procedimentos e regras que deverá cumprir, tais como: fazer o pré-pagamento caso for exigido nesse posto, não estar ao telemóvel enquanto abastece, não fumar nem ter as janelas da viatura abertas.**

#### *6.2.2.3. Evidências físicas*

Esta variável refere-se ao ambiente em que um serviço é prestado/entregue. Estão, aqui, incluídas todas as características visuais que prestam evidências da qualidade do serviço e que influenciam a perceção do cliente, tais como a decoração do espaço envolvente, o vestuário dos colaboradores ou a localização, entre outros.

**Se um consumidor pretender inscrever-se num ginásio para poder praticar exercício físico, vai estar atento às características visuais, tais como: a localização; o estacionamento disponível; se existe piscina e serviço de SPA disponíveis; a decoração e a modernidade dos equipamentos; os horários e a panóplia de aulas de grupo disponíveis, entre outros aspetos.**

### *6.2.3. A Qualidade dos serviços*

Quando um serviço é prestado, a qualidade do serviço dessa empresa está a ser testada. É, portanto, importante para uma empresa saber muito bem aquilo que os seus clientes efetivamente procuram e o que avaliam na relação cliente-empresa. Cada contacto com o cliente representa um momento de verdade e a empresa necessita de ter em atenção que um cliente pode ficar satisfeito ou insatisfeito aquando desse momento de verdade.

Os conceitos de qualidade de serviço e satisfação de clientes são, por norma, muitas vezes utilizados como sinónimos, embora sejam distintos.

**A qualidade de serviços não tem associada uma definição universal, mas deixamos aquela com a qual nos identificamos mais (Zeithaml e Bitner, 2003), ou seja, qualidade de serviços é a perceção do cliente face ao serviço prestado, avaliando-o de acordo com as seguintes dimensões: confiabilidade, capacidade de resposta, segurança, empatia e tangibilidade.**

Por outro lado, a satisfação é influenciada por esta perceção da qualidade do serviço, pelo preço e pelas características pessoais do cliente.

As características dos serviços já apresentadas anteriormente, influenciam a forma como a qualidade de um serviço é gerida e esta resulta da comparação entre as expetativas do cliente (o que o serviço deve ser) e a sua *performance* (o que é realizado pela empresa).

Existem diferentes modelos para avaliar a qualidade de um serviço. Com base no modelo SERVQUAL (que analisa a qualidade percebida dos serviços) destacam-se cinco fatores que determinam a qualidade dos serviços e nos quais uma empresa deve centrar a sua atenção:

- Confiabilidade – a capacidade de corresponder à promessa feita;
- Capacidade de resposta – cumprir com os prazos definidos;
- Empatia – capacidade de identificar as necessidades dos clientes e oferecer uma atenção personalizada;
- Segurança – conhecimento demonstrado que transmite segurança;

- Itens tangíveis – evidência física do serviço e bens complementares.

Por todos os aspetos mencionados anteriormente, um gestor deve assumir como prioridade a garantia da qualidade do serviço que oferece. Esta aposta na qualidade dos serviços e na sua monitorização é fundamental para as empresas.

### *6.2.4. Retenção dos clientes*

Devido à natureza dos serviços, as suas falhas são muitas vezes difíceis ou até impossíveis de evitar, pelo que as marcas reúnem os seus esforços no sentido de conseguirem recuperar essas falhas. Em particular nas empresas mais pequenas, o foco da diferenciação no mercado está, muitas vezes, no tratamento e na forma como sabem reter os clientes e fidelizá-los.

As empresas têm focado a sua atenção em manter a quota de mercado através da retenção dos clientes atuais. Neste contexto, surge um fenómeno muito interessante e que deve ser tido em conta pelas marcas – o fenómeno do paradoxo da recuperação de clientes – que constitui uma oportunidade para a obtenção de níveis de satisfação de clientes mais elevados e, consequentemente, de clientes mais fiéis. Este fenómeno refere-se à situação em que um cliente, após os esforços da empresa no sentido de recuperar a falha que aconteceu, ficar mais satisfeito do que aqueles clientes que nunca experienciaram qualquer falha de serviço. Uma boa recuperação pode tornar clientes zangados e frustrados em clientes fiéis, criando um impacto mais positivo para a marca, comparativamente com uma prestação de serviço exímia num primeiro momento.

Conquistar clientes pode ser bem mais dispendioso e menos rentável do que reter clientes. Cada cliente representa um investimento, ou seja, representa custos para a organização. Custo de comunicação, custos associados ao tempo que o prestador de serviços investiu no seu atendimento, entre outros. Assim sendo, há fortes evidências de que, quando tratados corretamente, os clientes de longo prazo geram mais lucros para a respetiva organização em cada ano em que a relação é mantida.

**No setor bancário, por exemplo, a generalidade dos bancos procura fidelizar os clientes ao longo de todo o seu ciclo de vida. Começam com as contas para crianças, com condições especiais, passam depois para empréstimos e bolsas para estudar, empréstimo para comprar automóvel, mais tarde a casa, e por aí fora até aos produtos de investimento numa fase mais avançada do ciclo de vida do cliente.**

Os clientes que também estabelecem relações mais longas com um prestador de serviço, tendem a procurar manter essa relação e continuar a adquirir os serviços dessa mesma organização, mesmo depois de uma falha de serviço acontecer. Assim sendo, espera-se que estes clientes demonstrem cooperação e intenção de estabelecer futuras trocas com o prestador do serviço, em vez de estabelecerem somente transações pontuais e de curto-prazo.

Embora os prestadores de serviço tentem oferecer um serviço isento de problemas, é reconhecido que tal é bastante difícil num primeiro momento, especialmente por causa da natureza dos serviços, variável que aumenta a ocorrência de problemas e erros. A ocorrência desses problemas aumenta os encontros de serviço[3]. Uma falha de serviço é considerada a situação em que as necessidades dos clientes não são adequadamente satisfeitas pelo prestador de serviço, constituindo um problema real ou percecionado pelo cliente, que ocorre durante a sua experiência.

Neste contexto, podem ser diferentes as reações dos clientes perante uma falha de serviço, dando origem a um conjunto de respostas comportamentais e não-comportamentais desencadeadas pela ocorrência de uma falha de serviço, nomeadamente:

- Resposta de voz: é uma resposta não comportamental uma vez que não existe ação. O cliente pode reportar a situação à empresa com o objetivo de esta melhorar no futuro ou, por exemplo, debater o problema com o colaborador da empresa;
- Respostas privadas: o cliente opta por uma resposta comportamental, partilhando a sua experiência negativa com a família,

[3] Também conhecidos como Momentos de Verdade ou "*touchpoints*".

amigos e *online*, tomando, por exemplo, a decisão de não recomprar o serviço, boicotando-o inclusivamente;

- Resposta de terceiros: o cliente opta por uma resposta comportamental baseada numa ação legal, ou através de uma reclamação apresentada a uma entidade competente (exemplo: Direção-Geral do Consumidor, DECO).

As falhas de serviço podem alavancar comportamentos pós-compra negativos e *word-of-mouth*, igualmente negativo. Por isso, a empresa deve procurar responder imediatamente à situação de falha de serviço através da sua recuperação, repondo a equidade de um possível dano na relação entre a empresa e o cliente. A marca tenta, então, compensar o cliente através de estratégias de recuperação do serviço eficazes, como forma de minimizar os estragos causados pela ocorrência da falha de serviço, tais como: compensação monetária, apresentação de desculpas por parte do prestador do serviço e de uma explicação referente à razão de a falha ter acontecido; rapidez na resposta; um desconto, produtos gratuitos, entre outras.

Do ponto de vista estratégico, qualquer gestor deve encarar a gestão de reclamações enquanto uma mais-valia e não considerá-la apenas um custo. Em mercados competitivos, a lealdade do cliente é ainda mais relevante enquanto variável de marketing para as marcas. Contudo, ainda assim, apesar de a recuperação de serviço ser o momento ideal para fortalecer a relação entre as partes, um significativo número de clientes permanece insatisfeito com a forma como as marcas tentam resolver os problemas, acabando as muitas marcas por falharem na recuperação da confiança.

## 6.3. A variável Preço

O preço é o único elemento do *mix* de marketing que gera receita para as empresas.

**O preço é, assim, o valor em dinheiro que o consumidor tem que pagar para adquirir um produto, ou seja, é a quantificação da troca financeira entre consumidor e empresa pelas ofertas disponibilizadas no mercado.**

O preço é normalmente percebido como a expressão monetária de valor cobrado por um produto ou serviço. Algumas das formas mais comuns do preço são: rendas, mensalidades, taxas, juros, tarifas, honorários e comissões.

Note-se que a noção de preço a pagar envolve tudo o que o comprador tem de despender para adquirir o produto/serviço ou ideia/comportamento. Assim, há a considerar não apenas o valor que o cliente dá, mas também o esforço, o tempo, o desgaste e o incómodo, que ele gasta para fazer a compra.

**Por exemplo, no mercado social, para convencer os consumidores a 'comprarem' a ideia de reciclagem doméstica, vencendo a relutância de separar o lixo, o preço não é tanto monetário como psicológico (desconforto, preguiça, incerteza.**

A atribuição de preço a um produto é uma atividade importante para todas as empresas. Um dos principais desafios desse processo é estabelecer um montante que possa gerar equilíbrio entre a rendibilidade e a competitividade. A rendibilidade compreende os ganhos que a empresa terá através das vendas, enquanto a competitividade advém da perceção do cliente face ao produto, em termos de valor, das opções apresentadas e dos preços cobrados pela concorrência.

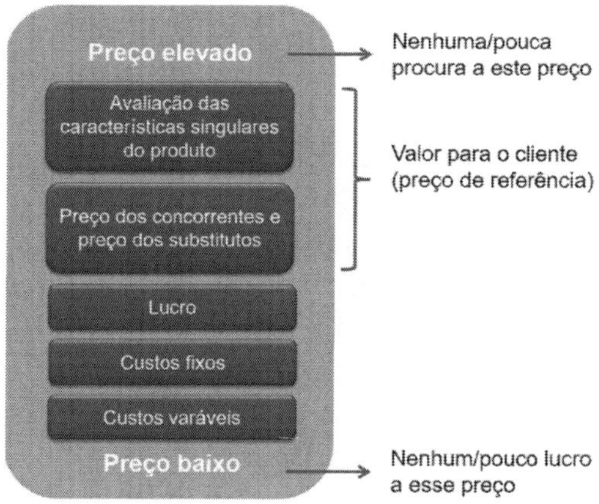


**Figura 15.** Fatores para a definição do Preço

Para se definir o preço que a empresa irá cobrar pelos seus produtos, a estrutura de preço deverá ser tida em conta. Esta estrutura de preço compreende os custos variáveis do produto (matérias primas, embalagem), os custos fixos (energia, aluguer da fábrica) e o lucro da empresa. A figura 15 ilustra os fatores que contribuem para a definição de preço, nomeadamente, os custos de produção (fixos e variáveis), o lucro e o preço de referência para os clientes face aos benefícios que o produto gera e a relação entre os preços dos produtos concorrentes ou substitutos.

### *6.3.1. A Decisão sobre os preços*

Entre os fatores que afetam a decisão sobre o preço estão os fatores internos e externos da empresa. Os fatores internos que devem ser considerados na decisão sobre o preço são:

1. Estratégia relativa ao marketing *mix*: as outras variáveis do marketing *mix* (produto, distribuição e comunicação) alteram o preço e vice-versa;
2. Custos: o preço deve cobrir todos os custos empresariais (custos fixos e custos variáveis);
3. Objetivos de marketing: existem quatro principais objetivos de marketing a destacar, nomeadamente:
   a) a sobrevivência (que visa preços reduzidos para cobrir os custos);
   b) a maximização dos lucros (resultados imediatos com preços elevados);
   c) a liderança em quota de mercado (lucros no longo prazo através de grandes vendas a preços reduzidos);
   d) a liderança na qualidade (preços elevados para aumentar a perceção de qualidade).

Já em relação aos principais fatores externos, são de destacar:

1. Mercado e procura: o mercado e a procura definem o limite superior de preço, ou seja, o valor máximo que a empresa deve cobrar pelo seu produto, baseado na perceção do consumidor.

Por outro lado, os custos definem o limite inferior, pelo que o preço deverá encontrar-se entre estes dois extremos;

2. Fornecedores: o preço também é composto pelo custo das matérias-primas que é definido pelos fornecedores;
3. Concorrência: estudar os padrões históricos de preços dos concorrentes auxilia a empresa a compreender o padrão de preço no mercado. Para além disso, em muitos casos o preço dos concorrentes tem uma relação direta na decisão do preço e na determinação de preços para participação em licitações;
4. Ambiente: a sustentabilidade ou a redução de taxas de carbono são exemplos de fatores ambientais que podem ter influência no mercado;
5. Economia e Governo: através da definição de leis, impostos e regulamentações o Governo intervém e regula a economia.

### *6.3.2. Estratégias de preço*

As empresas podem escolher diferentes estratégias para a definição de preço, as quais dependem principalmente de elementos como o mercado que deseja conquistar (segmento), do perfil dos consumidores alvo, dos aspetos culturais e das formas de competição (perfil e tipos de concorrência) neste mercado. A empresa deve, então, considerar diversos elementos para definir a sua estratégia de preço e uma forma de fazer isso é procurar responder a questões como: O preço será baseado na perceção de valor? O preço está a considerar os concorrentes, consumidores e custos? É um preço adequado para o consumidor alvo? É possível mensurar e controlar este preço (controlo de custos e de margens)? A estratégia visa a lucratividade?

Entre as estratégias de preço baseadas na perceção dos clientes estão:

1. Preço de prestígio: a ideia é que os produtos sejam percebidos como especiais e únicos, que são para poucos privilegiados e, para isso, a empresa opta por utilizar preços mais altos que indicam qualidade e exclusividade;
2. Preço não-arredondado: o objetivo desta estratégia é o preço ser percebido como baixo já que preços abaixo de um número

inteiro (9,99 euros), ou seja, não arredondados, transmitem uma ideia de desconto;
3. Preço de pacote: é um preço único, especial e mais baixo para a compra de um *pack* que inclui vários produtos; no entanto, os consumidores devem poder comparar os produtos individualmente. A ideia é os consumidores terem uma vantagem financeira por comprarem diferentes produtos na mesma compra.

Já as estratégias de preço baseadas na concorrência compreendem:

1. Preço abaixo da concorrência: esta estratégia é utilizada quando a empresa tem custos mais baixos do que os concorrentes e pode definir um preço inferior à concorrência, visando atrair consumidores que são sensíveis ou preocupados com o preço (exemplo: ofertas "low cost");
2. Igualar os preços: esta estratégia geralmente é utilizada quando há oligopólio no mercado e a empresa utiliza preços iguais ou muito similares ao da concorrência procurando diferenciar-se de outra forma, como sucede com as marcas de combustíveis;
3. Preço acima da concorrência: deve ser utilizado quando os clientes percebem o produto como tendo valor ou qualidade superior face ao dos concorrentes. É o caso da marca de água Perrier, por exemplo.

Há ainda as estratégias de preço para lançamento de novos produtos no mercado:

1. Preço de desnatação (*skimming*): o objetivo desta estratégia de preço é recuperar rapidamente os custos do investimento feito pela empresa para o desenvolvimento do novo produto. Nesta estratégia – que ocorre com frequência na fase de lançamento do produto – o preço inicial é elevado para obter receita da "nata", ou seja, dos poucos que estarão dispostos a pagar mais caro para obter o benefício deste lançamento. Posteriormente há uma redução gradual do preço, procurando captar outros segmentos. Esta estratégia é utilizada para segmentos específicos com consumidores que não são muito sensíveis ao preço.

**Empresas de produtos tecnológicos geralmente adotam preço de desnatação para introdução de novos produtos no mercado. A Apple é uma empresa que utiliza esta estratégia de preço.**

2. Preço de penetração: muito utlizada nos bens de grande consumo, esta estratégia de preço utiliza preços baixos para penetrar rapidamente no mercado, atraindo um grande número de consumidores e, assim, de quota de mercado. Esta estratégia é adequada quando a empresa acredita que a concorrência de mercado irá aumentar e quando a procura pelo bem é elástica em relação ao preço (quando a variação percentual do preço corresponde a uma variação percentual superior na quantidade procurada do produto).

**A Nestlé é uma empresa que utiliza esta estratégia de preço para o lançamento dos seus produtos.**

3. Imitação: empresas que optam por esta estratégia seguem o preço dos produtos já existentes no mercado, indexando os seus preços aos da concorrência, normalmente por referência ao líder de mercado.

**A Pepsi utiliza a estratégia de imitação considerando as estratégias de preço definidas pela líder de mercado, a Coca-Cola.**

### *6.3.3. Mudanças de preço*

As mudanças de preço podem ocorrer por uma redução ou por um aumento nos preços. As reduções nos preços são decorrentes de diversos fatores como, por exemplo, do excesso de capacidade da produção, da diminuição da participação de mercado pela empresa (empresa reduziu a quota de mercado), da tentativa de aumentar a participação no mercado ou de períodos de recessão económica. Essas mudanças de preço geram reações nos consumidores, que podem interpretar as reduções de preços como um problema ou falha no produto, o facto de ele não estar a vender bem, a qualidade possa ter diminuído, ou porque talvez o produto será substituído em breve por outro, além de a empresa passar uma imagem de que pode estar com problemas financeiros. Assim, a gestão da diminuição de preço deve ser acompanhada de alguma explicação, caso contrário os consumidores podem ficar receosos e não comprarem o produto mesmo com preços menores.

Os aumentos nos preços decorrem principalmente devido ao aumento nos custos que podem ter sido mal avaliados no momento da definição do preço ou por causa do excesso de procura. Com um aumento nos preços os consumidores tendem a diminuir as suas compras, procurando produtos alternativos ou substitutos. No entanto, se o produto em questão for de preço baixo e de baixa frequência de compra o consumidor manterá o seu padrão de compra pois provavelmente não irá perceber esta alteração de preço. Por outro lado, alguns clientes poderão perceber o produto como de valor e passarão a considerá-lo para compra.

Todas as alterações nos preços requerem uma análise de como o cliente se comportará face à mudança (diminuição ou aumento). Talvez a empresa se tenha de focar noutro público-alvo, alterar a sua produção, procurar matérias primas alternativas, criar novas linhas de produtos ou novas marcas.

### *6.3.4. O impacto do digital na variável Preço*

Não sendo tão comum como ocorre no Produto, também a variável Preço é impactada pelas funcionalidades dos canais digitais, nomeadamente ao nível da popularização de alguns "novos" modelos de negócio.

As compras em grupo – bem-sucedidas em alguns casos e completamente falhadas noutros – são multo facilitadas pela internet, sendo esta plataforma ideal para leilões online, onde os preços se vão alterando rapidamente, em função dos lances dos utilizadores.

Por outro lado, a internet facilita, também, as estratégias *Pay what you want* (Pague o que quiser), quando a empresa dá a possibilidade ao cliente de pagar o que entender que o produto/serviço vale. O preço customizado tornou-se conhecido na internet quando, em 2010, o grupo musical Radiohead lançou um álbum na internet permitindo aos compradores pagarem o que entendessem como justo.

**Imagem 3.** Radiohead: a primeira iniciativa musical de *Pay what you want*

## 6.4. A variável Distribuição

A palavra Distribuição pode ser entendida em três sentidos distintos:

- Enquanto sinónimo de setor de atividade – Comércio. Por exemplo, na expressão "a grande distribuição", que significa o conjunto de hipermercados;
- Enquanto variável de marketing dos produtores que, naturalmente, têm de escolher os melhores canais para disponibilizar os seus produtos e serviços no mercado;
- Enquanto política de marketing dos distribuidores que, tal como quaisquer outras empresas, têm de planear os seus esforços de marketing para captação de clientes e rentabilizar as suas vendas.

Neste contexto, vamos, primeiramente, abordar a Distribuição enquanto variável de marketing dos produtores – uma das componentes do *mix* de marketing.

**A distribuição no marketing visa a gestão da transferência dos produtos dos produtores para os consumidores. Assim, a gestão da distribuição é realizada através do preenchimento das lacunas de tempo, local e posse que separam os produtos do seu público-alvo (Kotler, 2000).**

### *6.4.1. A variável Distribuição no marketing dos Produtores*

Designa-se por canal de distribuição o itinerário percorrido por um produto ou serviço desde o local de produção até aos sítios onde o comprador final pode encontrá-lo disponível para consumo. Neste caminho há vários intervenientes, cada um com as suas funções. Designam-se por intermediários e todos eles são distribuidores, porque intervêm, no circuito de distribuição (figura 16), podendo um produtor utilizar um ou vários canais para fazer chegar ao mercado os seus produtos/serviços.

A figura 17 refere-se aos vários níveis que um canal de distribuição pode ter – a sua profundidade. Na verdade, o canal poder ter inúmeros intermediários no circuito entre o fabricante e o consumidor final, sendo o distribuidor qualquer entidade que intervenha no canal de distribuição. A situação mais simples, mas não a mais usual, diz respeito aos canais diretos, isto é, quando o consumidor compra diretamente ao produtor. Esta situação tornou-se menos invulgar com as compras na internet, já que os canais digitais permitem o acesso a alguns fabricantes que também utilizam o *site* para vender.

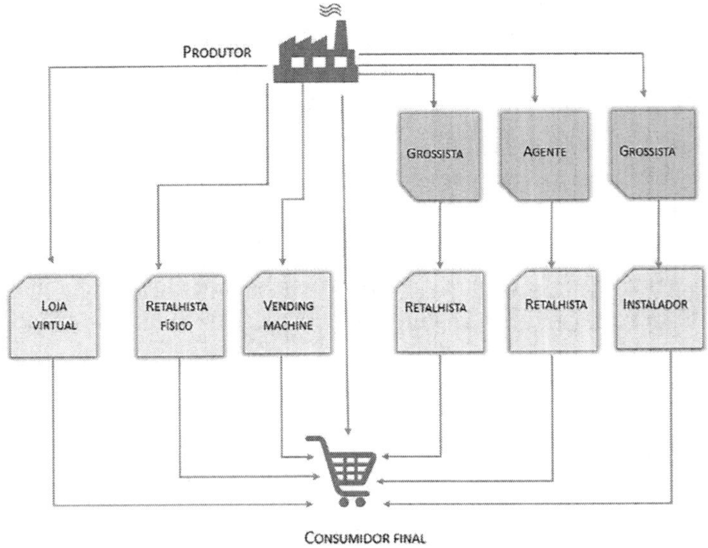


**Figura 16.** Exemplos de Canais de Distribuição.

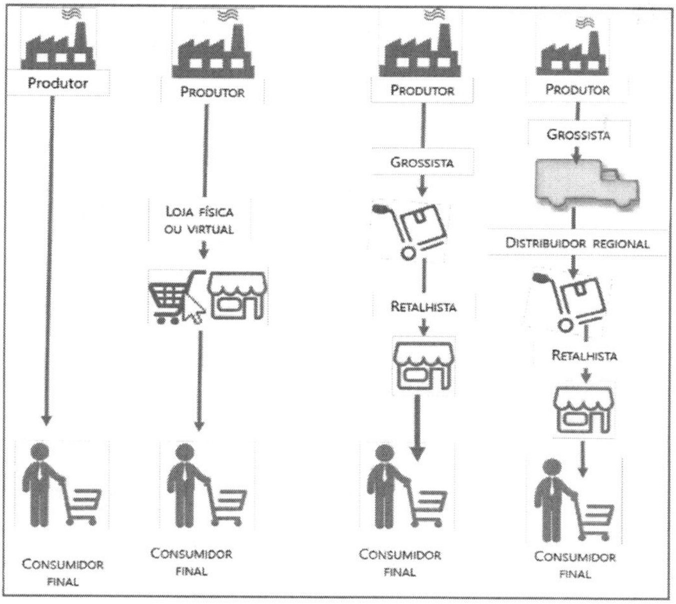


**Figura 17.** Exemplos de canais com vários níveis.

A existência de um intermediário entre o fabricante e comprador é uma situação mais comum e corresponde a um nível de intermediação. Nestes casos, não há interferência de outros elementos no canal de distribuição, abastecendo-se o retalhista – físico ou virtual – diretamente no produtor.

Porém, em muitas áreas de negócio, por exemplo nos produtos alimentares, entre o fabricante e o retalhista existe um ou mais intermediários, habitualmente grossistas ou armazenistas, cujas funções evitam que tenha de ser o retalhista a deslocar-se à fábrica para comprar. Assim, os canais podem ter dois, três, quatro ou mais intermediários (empresariais ou individuais), desempenhando cada um deles as suas funções.

### 6.4.2. *As funções dos distribuidores*

As funções dos distribuidores integram duas dimensões: a distribuição física – que inclui a logística e o transporte, e os serviços prestados por cada interveniente no canal. Estas funções podem ser prestadas pelo próprio fabricante ou até pelo comprador, como sucede no caso da venda direta, ou por elementos terceiros. A tabela 4 ilustra as funções dos distribuidores.

**Tabela 4.** As funções dos Distribuidores.

| | Função | Exemplos da função |
|---|---|---|
| **Distribuição física** | Transporte | Ao prestarem este serviço, os distribuidores evitam que o comprador final tenha de ir à fábrica para adquirir, por exemplo, um par de sapatos |
| | Armazenamento | Ao armazenarem *stock*, os distribuidores (grossistas e retalhistas) conseguem gerir os picos da procura, evitando que o comprador fique sem opção de compra |
| | Manutenção do stock | Manter um *stock* custa dinheiro, em espaço e em depreciação de produto. Alguns bens, como os alimentares, podem exigir atmosferas específicas |
| **Prestação de Serviços** | Constituição da oferta comercial | Os retalhistas compõem uma oferta de sortido composto por bens diversificados expectáveis para o ponto de venda em causa. Por outro lado, esta oferta implica o fracionamento dos bens, já que normalmente eles são vendidos em paletes na fábrica e o comprador pretende comprar à unidade. |
| | Recolha de informação de mercado | Ninguém melhor do que os distribuidores (grossistas e, em especial, os retalhistas) para receberem *insights* do mercado sobre o marketing das marcas que comercializam. Estas informações podem ser passadas aos proprietários das marcas. |
| | Venda | É a função mais óbvia; inclui frequentemente a prospeção de novos clientes, atividades de negociação e fecho da venda |
| | Serviços pós-venda | Serviços como transporte, seguro, garantias, assistência técnica, reparações, são exemplos de serviços prestados pelos retalhistas |
| **Gestão de Riscos** | Depreciação do stock | Produtos muito perecíveis, ou simplesmente bens que passam rapidamente de moda, como bens tecnológicos ou vestuário, constituem um risco para os distribuidores, que se arriscam a ficar com eles sem os conseguir vender. |
| | Riscos financeiros/ comerciais | Se um armazenista vender a retalhistas que não lhe paguem a tempo, ele terá que pagar do seu bolso ao fabricante, arcando com o risco financeiro associado. |
| | Facilitar financiamento | Em alguns setores, é vulgar o retalhista firmar acordos com empresas de crédito ao consumo, que facilitem o crédito, de forma ao cliente poder comprar em prestações sem ter de se incomodar. |

É frequente, mas muitas vezes errado, dizer-se que os intermediários encarecem o bem e que eles são dispensáveis em muitos casos. Sem se pretender generalizar, pense-se o que seria se de cada vez que quiséssemos um par de sapatos tivéssemos de nos deslocar à fábrica, no norte do país. No caso da venda direta de mobiliário, por exemplo, é comum ouvir-se dizer que vale a pena ir a Paços de Ferreira comprar diretamente ao fabricante.

Sucede que, neste caso, ao comprar mais barato, o consumidor esquece-se de que terá ele de desempenhar um conjunto de funções que habitualmente são realizadas pelo retalhista ou pelo armazenista: neste caso, o transporte e, em muitos casos, a montagem da mobília, o risco, o tempo gasto.

Se a profundidade de um canal de distribuição se refere aos vários níveis do mesmo (figura 17), o número de membros do canal, em cada nível, determina a sua amplitude, podendo incluir três possibilidades:

1. Distribuição intensiva: consiste em disponibilizar o produto no maior número possível de pontos de venda. Muito utilizada em bens alimentares e de compra repetida, esta estratégia tem como propósito cobrir geograficamente todo o mercado.

**Os refrigerantes Coca-Cola utilizam a estratégia de distribuição intensiva pois o objetivo é que os produtos sejam de fácil acesso aos consumidores sendo comercializado em diversos pontos de venda.**

2. Distribuição seletiva: quando a distribuição intensiva não se mostra adequada, eventualmente por questões de posicionamento da marca, o fabricante escolhe um número reduzido de distribuidores, aos quais normalmente são fixadas quotas de vendas e, com frequência, contratos de exclusividade.

**Marcas de automóveis como a Ford utilizam distribuição seletiva pois há algumas concessionárias autorizadas pela Ford para comercializarem os produtos.**

3. Distribuição exclusiva: quando o produtor, intencionalmente, limita o número de intermediários que distribuem os seus produtos numa determinada área geográfica, sobretudo quando se trata de produtos comprados esporadicamente, com elevado preço e de elevada qualidade.

**Produtos de luxo utilizam a distribuição exclusiva através de lojas próprias ou parcerias com retalhistas especializados.**

### 6.4.3. *A escolha dos canais de distribuição*

Na sua relação com os distribuidores, os produtores têm necessidade de selecionar o(s) melhor(es) canais de distribuição. Enquanto variável do marketing-*mix* dos produtores, a distribuição apresenta algumas características que tornam crítica a correta seleção dos canais de distribuição, já que produtos não acessíveis ao consumidor final não se vendem. Atualmente, na era da facilidade de escolha, os consumidores têm a expetativa de poder aceder fácil e rapidamente aos bens de que precisam.

A Distribuição é, também, uma variável de difícil controlo já que, ao colocar os bens nas mãos de distribuidores (no caso de se tratar de uma força de venda externa e nos casos dos retalhistas), o produtor perde, de alguma forma, o controlo sobre as condições de comercialização dos seus produtos, nomeadamente o preço de venda ao público, a forma de exposição dos produtos no ponto de venda, as atividades promocionais. Neste contexto, a seleção e a estrutura de um canal de distribuição devem obedecer a vários parâmetros previamente definidos que incluem:

1. Os objetivos do produtor, designadamente o tipo de cobertura geográfica e o público-alvo dos bens, mas também as características do mercado e da concorrência;
2. A capacidade dos distribuidores intervenientes para assegurar a entrega dos produtos nas condições exigidas;
3. O controlo que o produtor possa manter sobre a distribuição, nomeadamente ao nível do preço de venda ao consumidor;

4. A compatibilidade entre um circuito de venda e outro já existente;
5. O custo do canal, não apenas no caso da distribuição física dos produtos como o custo de colocar, manter e otimizar os produtos no retalhista;
6. A expetativa de evolução do canal selecionado.

### *6.4.4. O Ponto de venda*

O ponto de venda, sendo o local onde o produto é disponibilizado e comercializado pela empresa, influencia as escolhas dos consumidores através do seu ambiente e da sua localização. Por exemplo, um ambiente multimédia e a disponibilização, num determinado ponto de venda, de aplicações através das quais os consumidores podem experimentar os produtos/serviços da empresa, podem representar um *driver* de decisão para o cliente.

### *6.4.5. O Ambiente*

A atmosfera da loja diz muito sobre a imagem da empresa, sobre a qualidade dos produtos e até sobre os preços praticados, razão pela qual o ambiente do ponto de venda precisa de estar alinhado com o público-alvo, sendo vários os elementos que contribuem para uma atmosfera agradável e propícia à compra.

Numa primeira análise, os fatores ambientais – relativos ao que os nossos sentidos conseguem captar – determinam a vontade de permanecer ou não no local: a temperatura da loja, a música ambiente ou a iluminação são, de alguma forma, o cartão de visita do espaço e ajudam a despertar estados de espírito diferenciados. Acrescem os aspetos relacionados com o *design*, que podem ser apenas visuais, mas também funcionais ou estéticos. Falamos do *layout* da loja, das suas cores, decoração, entre outros.

Independentemente de ser uma loja física ou virtual, o conceito de loja deve exprimir a identidade e o posicionamento da marca do distribuidor[4], definindo a imagem que a marca quer ter na mente dos públicos-alvo e do público em geral.

### 6.4.6. A Localização

Se é verdade que qualquer uma das variáveis do *mix* de marketing de uma empresa é importante para o resultado global da marca, na distribuição a definição da localização é crucial para o sucesso do ponto de venda, sendo isto real quer para uma loja física, quer para um ponto de venda virtual.

A escolha de uma boa localização implica o estudo da zona de atração em termos de potencial e intensidade concorrencial. Variando com a capacidade de atração da loja, é normal fixarem-se zonas de atração do público em função da proximidade do público com o ponto de venda, da distância e do tempo que estes levam até à loja. Neste contexto, uma zona primária de atração da loja engloba aproximadamente 60 a 80% dos clientes, uma zona secundária corresponderá entre 15 a 20% do público da loja e, por fim, uma zona terciária atrairá o restante público.

Se os grandes grupos retalhistas têm a opção de estudar o seu público aprofundadamente, equacionando aspetos como o modo e o tempo de transporte do cliente até às lojas, bem como as suas principais motivações de compra, o comércio independente, não organizado em cadeias de lojas, deve recorrer a estatísticas oficiais da população para identificar a zona de atração.

Nos canais digitais a localização não é menos importante, pelo que as empresas devem procurar otimizar a sua visibilidade na internet, principalmente melhorando a sua posição nos motores de busca.

---

[4] Vulgarmente designada por insígnia.

### 6.4.7. Merchandising – *O vendedor silencioso*

A introdução da venda em regime de livre-serviço, na maior parte dos pontos de venda, a partir dos anos 70 do século XX, veio diminuir, ou mesmo ultrapassar, a necessidade de haver um vendedor tradicional atrás do balcão, a quem o cliente pedia o produto pretendido.

A partir daqui, tornou-se necessária a presença de um vendedor silencioso que substituísse o tradicional – emergia o *merchandising*, conceito formado pelo termo *merchandise* (produto) e o sufixo (*ing*), que significa em ação.

O *merchandising* começou por ter como objetivo dar destaque a todas as mercadorias, trabalhando a disposição e a promoção de produtos da loja. Atualmente, o conceito é visto como:

**O conjunto de estudos e técnicas de aplicação, executadas separadamente ou em conjunto pelos distribuidores e pelos produtores, com vista ao crescimento da rendibilidade do ponto de venda e ao escoamento dos produtos, através de uma adaptação permanente do sortido às necessidades do mercado, bem como de uma apresentação apropriada das mercadorias.**

Os distribuidores utilizam as técnicas de *merchandising* com o propósito de aumentarem as receitas do seu ponto de venda, objetivo que pode ser concretizado por uma, ou mais, das seguintes vias:

**Vendas = N.º de clientes × Venda média × Frequência de compra**

Conhecida como a fórmula de vendas no Retalho, a linha acima tem uma explicação simples: as vendas de qualquer negócio dependem do número de clientes que visitam a loja, do valor médio gasto por visita, e da frequência com que os clientes frequentam o ponto de venda, isto é, da sua assiduidade na loja durante um período temporal. A importância desta fórmula é, também ela, muito simples: cada distribuidor, seja ele um retalhista ou armazenista, deve procurar potenciar uma ou mais destas três variáveis através de iniciativas de marketing:

1. Aumentar o número de clientes, captando novos públicos – consegue-se com sortidos diferenciados e renovados, e com comunicação local;
2. Aumentar a compra média de cada cliente – potenciada por promoções e ações no ponto de venda (demonstrações, experiências, localização dos produtos, ambiente sensorial, venda de acessórios);
3. Crescendo a frequência do cliente no ponto de venda – o que se consegue com campanhas promocionais surpresa, estímulo de compra de produtos perecíveis e de compra repetida, cartões de fidelização).

É neste contexto de sedução, mas também de procura de rendibilidade, que o *merchandising* tem um papel largamente importante na loja. Em termos da natureza do seu principal objetivo, o *merchandising* pode ser:

- De sedução – desenvolvendo nos clientes a vontade de compra por impulso, o que se consegue através de uma visibilidade criteriosa dos produtos;
- De gestão – que procura a rentabilização máxima do espaço do ponto de venda, nomeadamente através do fomento de venda de produtos com uma maior margem de comercialização;
- De otimização – otimizando a implantação de produtos nas prateleiras e, designadamente, a coerência do sortido.

O *merchandising* chamado de sedução tem como principal preocupação o ambiente que rodeia o produto ou a marca, promovendo uma exploração dos sentidos (tato, paladar, olfato, visão e audição). Neste caso, as estratégias de *merchandising* de sedução utilizam a cor, o cheiro, o som, a degustação e diversos estímulos visuais para conquistar o cliente.

Uma das principais ferramentas do *merchandising* de sedução é a montra, pelo que o vitrinismo – a forma mais comum de *merchandising* visual – pretende atrair o cliente através da exposição de determinados produtos, estimulando no cliente o desejo de comprar. Os distribuidores utilizam a montra como espaço decorativo, preparada com *items* escolhidos e recorrendo a iluminação, sonorização, aromas e cores.

Variadíssimos estudos têm mostrado que as pessoas aprendem com o estímulo dos cinco sentidos: maioritariamente através da visão, mas também pela audição, pelo olfato, pelo tato e pelo paladar. É neste contexto que sabemos que o cliente compra com os olhos, apreciando a disposição e decoração da loja, tal como aprecia experiências trazidas pelos odores, pelo som ou pelo prazer da degustação de um bem comestível.

Para além da montra, são também importantes aspetos como a sinalética da loja, que não apenas ajuda na orientação do cliente, mas que também tem objetivos estéticos, tal como os cartazes de ponto de venda, o mobiliário da loja e os expositores ou a iluminação. Todos estes elementos ajudam a aumentar o tempo que o cliente passa na loja e, consequentemente, a sua compra média.

Já o *merchandising* de gestão do ponto de venda obedece a determinadas regras e pressupostos, resultado dos vários estudos feitos a este propósito, e onde foi possível concluir que:

- Genericamente, os clientes tendem a circular pela direita na loja, em sentido de circulação dominante contrário aos do ponteiro do relógio;
- A maioria dos clientes não visitará o fundo da loja – a parte considerada mais "fria" em termos de vendas, a menos que lá veja algo de que realmente precisa e tenha, então, incentivo para ir até ao fundo do ponto de venda.
- Por esta razão, os produtos "âncora" – aqueles que têm uma maior capacidade de atrair clientes à loja – devem estar no fundo da loja para obrigar as pessoas a darem a volta completa ao espaço de venda (figura 18). Pelas mesmas razões, deve ser facilitada ao cliente a entrada na loja pela sua direita.

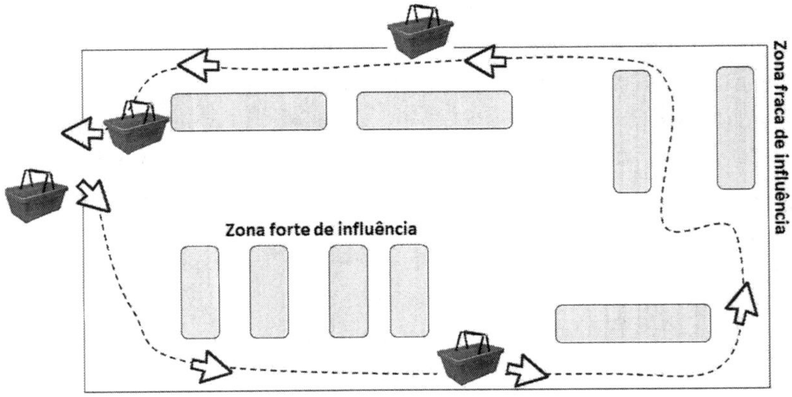


**Figura 18.** Comportamento tendencial dos clientes em loja.

Uma boa distribuição de secções e produtos pelo espaço da loja favorece o aumento da compra média, também designado por *ticket* médio, através de um maior número de artigos que o cliente adquire, mas também pela aquisição de produtos mais caros, cuja compra é estimulada pela sua disposição na loja.

No que se refere à implantação das secções da loja, é recomendável a existência de um corredor que sugira ao cliente o percurso a seguir. Por exemplo, nas grandes superfícies, aí se localizam as promoções em vigor, como é o caso dos brinquedos ou dos materiais escolares ou até mesmo saldos. É possível identificar, através de observação, qual o percurso feito pelos clientes na loja e quais os locais que suscitam mais interesse. Na verdade, o melhor percurso é o que tem origem na mente dos clientes.

Ao estruturar o *layout* da loja e a implantação das secções, convém ter presente que as pessoas têm habitualmente compras programadas (aquelas que o cliente já tem intenção de fazer quando entra no ponto de venda) mas que também existem as compras não ponderadas, também chamadas de impulso, e que podem ser fortemente influenciadas pelo *merchandising*, em particular através da exposição e destaque dos produtos.

**Quando um cliente entra numa mercearia, é provável que ele tenha um objetivo – por exemplo, comprar o café que faltou em casa.**

**Porém, para além, da compra ponderada, por impulso ele poderá comprar o chocolate que está em promoção, o jornal desportivo ou as cerejas maduras que acabaram de chegar.**

É claro que há bens onde a compra não ponderada pode prevalecer, mas, regra geral, compramos por razões emocionais, muito mais do que apenas por questões de funcionalidade de produtos e necessidade do bem. Por essa razão, uma boa implantação visa limitar ao máximo o tempo necessário para as compras programadas, permitindo que os clientes tenham muito tempo para se deixarem tentar por outros produtos.

A este nível, cabe ainda salientar a importância dos expositores da loja, que são simultaneamente um espaço de armazenamento e de exposição dos produtos. Quanto mais importante for o linear (espaço de prateleira) atribuído a um produto, menores serão os riscos de rotura de *stock*; se um produto dispuser de um linear insuficiente face à sua rotação na loja, ele estará frequentemente em rotura ou deverá ser objeto de reabastecimentos frequentes a partir de reservas ou entrepostos.

Por outro lado, quanto maior for a superfície de vendas ocupada por um produto, maior a probabilidade de ele ser visto e identificado pelo cliente que passe pelo expositor. Considera-se, normalmente, que o linear mínimo para que um produto tenha hipótese de ser visto é de 50 cm, numa grande superfície, e de 25 cm numa média superfície. Como é natural, este espaço é mais reduzido nas lojas de menor dimensão, até mesmo porque a distância que vai do corredor até à prateleira é menor. Estima-se, também, que 70% das decisões de compra dos consumidores sejam realizadas junto do linear.

Em termos práticos, as decisões de exposição de produto nos lineares e a identificação do espaço ideal resumem-se na seguinte frase: "Se o produto não se expõe, não se vê; se não se vê, não se compra, Se não se compra, não se vende". Em conclusão, as decisões de localização de produtos no espaço da loja condicionam a rendibilidade da mesma.

A posição dos produtos no expositor desempenha um papel importante nas vendas; existem, genericamente, três níveis de apresentação:

1. Ao nível dos olhos – onde se colocam os produtos com maior margem, já que é a localização que garante maior visibilidade;
2. Ao nível das mãos – onde devem estar os produtos com maior rotação;
3. Ao nível do solo – reservado para produtos com maior dimensão. Dispõem-se os produtos correntes, que fazem parte dos hábitos de compra, ou produtos de grande notoriedade.

**Imagem 4.** Níveis de apresentação dos produtos

Reservam-se as prateleiras superiores para arrumar os produtos expostos nas prateleiras inferiores.

Nas prateleiras, a apresentação em massa, isto é, utilizando um maior espaço de prateleira que lhe garanta maior visibilidade na loja, aumenta o efeito da tentação e do estímulo à compra. Favorece, assim, a venda por chamar a atenção dos visitantes, criando uma sensação de abundância.

Com o objetivo de estruturar uma correta planificação do sortido da loja, é conveniente realizar um planograma – um plano que define o local e a forma como devem estar colocados os produtos.

O *merchandising* de rendibilidade, como o nome indica, considera a rendibilidade potencial dos produtos para definir o espaço e o local a alocar a cada categoria de produtos e marca.

**Imagem 5.** Exemplo de planograma

## *6.4.8. A venda* online

A venda *online* assume algumas especificidades decorrentes da natureza do canal. O ponto de venda virtual pode ser a página web da empresa, uma rede social ou até o *Google Shopping* mas a lógica de venda é semelhante e pode ver-se na figura 19.

**Figura 19.** O funil das vendas *online*.

Tudo começa com a procura de criação de tráfego de que falaremos mais à frente, e para a qual são utilizadas várias ferramentas, como a otimização dos motores de busca, a publicidade e tudo o que possa ser um gancho para levar um utilizador à página da empresa. Contudo, um visitante não é um comprador. Ele precisa de ter na página motivos de interesse que o façam permanecer até a uma possível conversão.

Um visitante transforma-se num *lead* (potencial comprador) quando demonstra interesse em saber mais e procura mais informação. É o momento onde a venda se torna possível se a página tiver a solução para a necessidade do utilizador.

Tornado cliente, o internauta tem, depois, de ser fidelizado para que volte mais vezes à página. Para cada uma destas fases, é recomendável o acompanhamento do visitante e, em particular, que o *site* tenha conteúdos relevantes para quem visita a página.

### *6.4.9. A Comunicação na Distribuição*

Na Distribuição, a política de comunicação tem tipicamente um de três objetivos, ligados, naturalmente às variáveis que compõem a fórmula de vendas, ou seja, aumentar o número de clientes do ponto de venda, incrementar a frequência desses clientes à loja e potenciar a sua compra média (figura 20).

**Figura 20.** As variáveis responsáveis pelas vendas de uma loja.

Assim, a política de comunicação dos distribuidores desenvolve-se em volta dos objetivos de construir e promover a imagem da insígnia, de criação de tráfego no ponto de venda e do aumento da compra média por cliente.

O primeiro tipo de propósito é a comunicação corporativa, realizada em volta da marca da empresa e feita de forma mais local ou mais alargada, em função da amplitude geográfica da loja ou da cadeia de lojas.

**O Zaffari é um supermercado sul-brasileiro que utiliza comunicação corporativa, não faz publicidade de oferta de produtos, mas investe em comunicação que visa promover a marca corporativa. Nas datas festivas como a Páscoa, o dia da mãe ou o Natal, o Zaffari apresenta uma comunicação que visa associar emoções positivas à marca através de publicidade emocional.**

Os outros dois objetivos – aumentar o número de clientes e a compra média – visam tendencialmente divulgar os aspetos competitivos da marca (o preço, por exemplo) como argumento preferencial de venda e da preferência face aos competidores. A este nível, ganham especial impacto as promoções no ponto de venda e o *merchandising* dos produtos, particularmente em bens de compra repetida onde o preço é um fator importante.

Na comunicação, é normal utilizar-se os conceitos de estratégia *pull* e *push* para designar a forma e a origem da comunicação (figura 21):

- Estratégias *pull* (puxar): o fabricante chama a si a função de comunicar o produto junto do consumidor final, através dos órgãos de comunicação, incentivando o público-alvo a procurar o bem/serviço na loja. Os outros elementos do canal de distribuição limitam-se a fazer chegar o produto ao público, sem que tenham, eles próprios, de investir em comunicação.
- Estratégias *push* (empurrar): tendencialmente é o distribuidor que, nos *media* ou nos pontos de venda, comunica os produtos dos fabricantes.

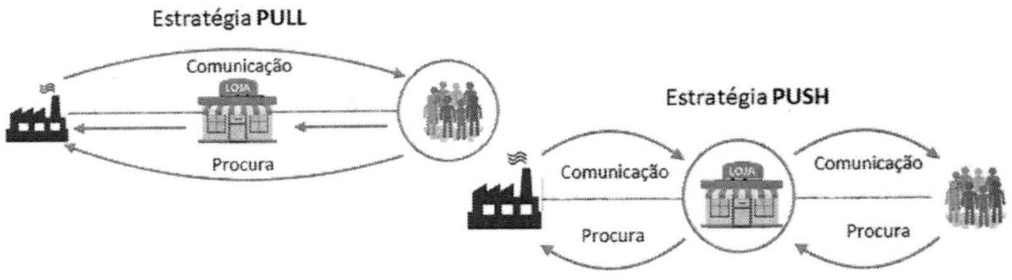


**Figura 21.** Estratégias *pull* e *push* na Comunicação.

## *6.4.10. Promoções de Venda – uma ferramenta em crescimento*

Muito embora seja comum referir-se que o preço não é tudo, e que a perceção de qualidade do bem ou serviço pode relativizar o preço, há áreas e setores onde o preço tem, de facto, uma importância crítica na decisão de compra. É o caso de bens de compra repetida, habitualmente designados por FMCG (*fast moving consumer goods*) e bens que geram pouco envolvimento do consumidor, para quem é, muitas vezes, indiferente a marca ou o ponto de venda onde o bem é adquirido.

Neste contexto, as promoções de venda – não necessariamente as de redução de preço – são iniciativas a ponderar, não apenas para aumentar a compra média, mas também, por exemplo, para efeitos de rotação de *stocks*.

De uma forma simples, pode dizer-se que as promoções de venda consistem num:

**Conjunto de técnicas, a maior parte de curta duração, concebidas para estimular uma resposta maior ou mais rápida na compra de um bem ou serviço, podendo esta ser dirigida aos consumidores finais ou aos distribuidores. Por outro lado, estas promoções podem ser levadas a cabo quer por produtores, quer por grossitas, retalhistas ou ONGs.**

São vários os objetivos das promoções sendo os mais comuns atrair novos consumidores, recompensar compradores fiéis e aumentar a compra média. As promoções de venda têm consequências nem sempre muito positivas. Entre os principais efeitos, incluem-se os seguintes (figura 22).

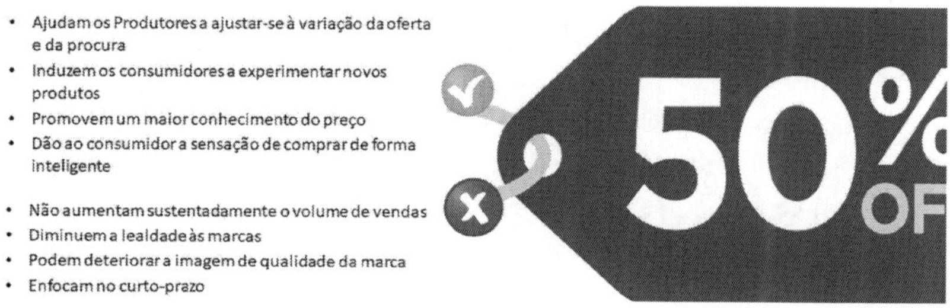


**Figura 22.** Principais consequências das promoções de venda.

O efeito esperado das promoções nas vendas é que o benefício oferecido temporariamente possa estimular uma compra mais elevada durante esse período e, idealmente, contribuir para aumentar sustentadamente as vendas no futuro. Contudo, por vezes, o aumento de rotação no período promocional não compensa o desequilíbrio da fase antes e pós promoção. Vejamos, se tudo correr bem, uma promoção bem-sucedida que terá a seguinte cronologia (figura 23).

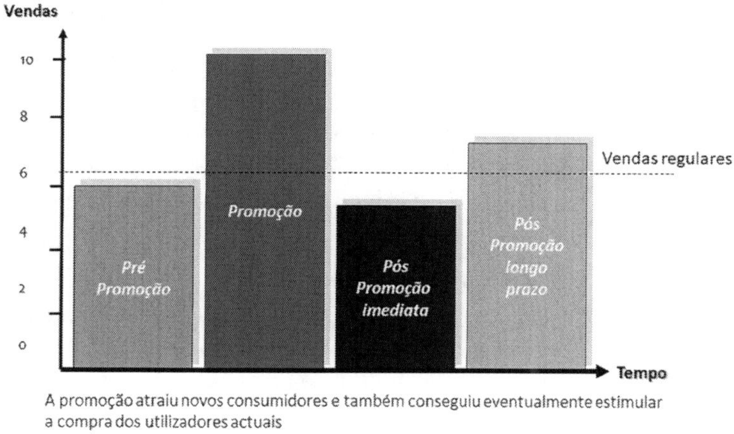


**Figura 23.** Efeitos da promoção nas vendas.

Representando a linha tracejada as vendas "normais" de um dado produto, pode observar-se que, no período pré-promoção, as vendas podem baixar, particularmente nos bens menos regulares quando a promoção já é esperada. É o caso dos saldos de início de ano, período aguardado por muitas pessoas para comprar bens que não são de primeira necessidade (roupa, por exemplo). Chama-se a isto o efeito de antecipação, uma vez que os consumidores, já antecipando que haverá um estímulo a breve prazo, evitam comprar no período imediatamente antes da promoção.

No período promocional (chamado *sell-in time*), é expectável que as vendas subam devido ao benefício temporário que é oferecido. Contudo no período imediatamente posterior, alguns produtos voltam a evidenciar uma quebra de vendas face ao volume normal, em virtude do chamado efeito de depressão. Nesta fase, é possível que em muitos casos, os consumidores já não comprem produtos que compraram em maior quantidade no período promocional e relativamente aos quais não aumentaram o consumo.

**Se o consumidor comprar várias unidades de um dentífrico porque está em promoção, é provável que não lave mais vezes os dentes e, por isso, tenderá a não comprar o produto no mês seguinte.**

Porém, com alguns produtos dá-se o caso de uma compra mais elevada não corresponder à armazenagem de produtos, mas sim a um consumo superior (veja-se o caso das guloseimas, por exemplo), levando a que o volume de compras se mantenha nos níveis normais.

No período posterior à fase de depressão, é esperado que as vendas aumentem e que fiquem superiores ao que era o volume inicial. Tal sucederá se a promoção tiver corrido bem e se tiver levado novos consumidores a experimentar e a fidelizar.

### Principais tipos de promoção de vendas

Muito embora a palavra promoção de vendas esteja inevitavelmente associada a descontos de preço, essa não é, de todo, a única ferramenta promocional ao serviço das organizações. A escolha por uma ou várias das seguintes técnicas prende-se com o objetivo pretendido e com as características do mercado. Vejamos algumas:

- ***Amostras***

Oferecer amostras pode ser uma técnica eficaz quando se pretende que o utilizador experimente, de facto, o produto; é sobretudo utilizada no lançamento de novos produtos no mercado, mas é, também, uma forma cara de promoção, uma vez que a empresa está a dar produto e, mais, deve fazê-lo em quantidade suficiente para que os consumidores possam, de facto, experimentar. Ou seja, se um fabricante de champô distribui encartes numa revista com amostras, mas a porção é tão pequena que não chega, sequer, para uma lavagem, corre o risco de estar a deitar dinheiro fora. Depois, uma amostra tem de ter um suporte de comunicação – seja ele uma revista, um jornal ou um promotor – o que faz com que esta técnica promocional se torne onerosa.

**Imagem 6.** Exemplo de amostra

- ***Cupões/*****voucher** ***oferta***

Os cupões de oferta são, também, muito utilizados para incentivar a compra, já que oferecem um benefício que pode ser imediato ou em compras futuras. Habitualmente os cupões de oferta referem-se à componente básica do bem ou serviço, esperando-se que o cliente possa sentir-se à vontade para aumentar a compra. Este tipo de promoção é frequente para estimular a primeira compra já que, com um desconto interessante na mão, um cliente terá tendência a experimentar.

**Imagem 7.** Exemplo de *voucher* oferta

- ***Reembolsos***

Os reembolsos têm como principal objetivo retirar as barreiras à primeira compra, sobretudo quando essa compra envolve risco. Por exemplo, é comum nas apostas *online* as empresas retirarem o risco da primeira aposta, garantindo o reembolso da quantia perdida, se tal acontecer.

**A Betclic oferece uma garantia de reembolso de 20 euros para os primeiros registos.**

- ***Redução de preço***

A redução de preço é a mais popular técnica promocional e também uma das preferidas, dado que o benefício é imediato e não protelado para uma compra posterior. A ideia é aumentar o valor do cabaz médio de compras tendo em conta a oportunidade da mesma. As épocas de saldos, tão esperadas por muitos, têm crescentemente vindo a ser reguladas no sentido de evitar que as reduções sejam fictícias.

As reduções de preço recorrentes podem afetar o valor percebido da marca, particularmente fora dos bens de grande consumo; isto porque, confrontado com baixas sucessivas, o consumidor deixa de saber quando comprar e pode até sentir-se enganado por ter comprado antes da baixa de preços. Para não comprometer o valor percebido da marca, as marcas de luxo não realizam promoções de vendas e, se as fazem, as condições são muito específicas e orientadas para determinados alvos.

**Imagem 8.** Exemplo de produto grátis

Deve ainda referir-se que, nos descontos de preço, se incluem as promoções do tipo "Leve 3 e Pague 2" ou os casos em que o produto tem uma embalagem maior do que o normal, assumindo-se que existe oferta de produto, ao mesmo preço.

- ***Brindes e ofertas***

A oferta de um brinde pode ser um incentivo importante. Na verdade, quase todas as pessoas gostam que se lhes ofereça algo. Contudo, o brinde deve ser coerente com a imagem e os valores da marca promovida e não servir para lhe diminuir o valor. Assim, se se aceita que uma marca de cerveja possa oferecer um copo na compra de várias unidades de produto, um banco deverá optar por outro tipo de brinde mais em consonância com a sua área de atividade e com a sua imagem. É o caso de um banco que, na abertura de determinadas contas, oferecia uma caneta Montblanc para o cliente assinar o contrato.

Um perigo subjacente à oferta de brindes é que, por vezes, o consumidor passa a comprar o produto por causa do brinde e não porque esteja fidelizado com a marca. Daí, que as promoções de vendas não sejam consideradas como uma forma sustentável de incrementar o volume de negócios.

É, ainda, de referir que neste *plus* que o cliente recebe na compra do bem pode incluir-se não apenas um objeto, mas, por exemplo, um donativo que a entidade se compromete a dar a uma causa ou ONG, em nome do cliente.

**A Faber Castel desenvolveu uma linha de materiais escolares como borracha, lapiseira, lápis e caneta que retratam espécies da fauna brasileira numa parceria com o IPÊ ao divulgar a biodiversidade do País. 7% da venda líquida arrecadada foi destinada ao fundo de conservação do IPÊ.**

- ***Prémios/Concursos***

Algumas marcas, pontos de venda e, por vezes, até centros comerciais, realizam concursos que têm como propósito levar o cliente a aumentar o valor da compra para tentar a sua sorte. Esta técnica promocional não é das mais populares, uma vez que o prémio é incerto e não imediato. Ainda assim, há concursos muito concorridos, particularmente em épocas festivas.

- ***Colecionismo (fidelização)***

O colecionismo pretende incentivar a compra repetida de um bem durante um determinado período de tempo, até que a coleção esteja completa. Funciona bem com um público infantil e juvenil mas também com adultos, sendo que, uma vez mais, a coleção deve respeitar as associações da marca promovida. É assim que os jornais desportivos fazem coleções de cromos de jogadores ou de emblemas, mas a imprensa generalista pode, por exemplo, lançar uma coleção de facas de cozinha dedicada ao público feminino.

- ***Degustação (promotores)***

Degustar um produto significa experimentá-lo. Muitas pessoas tendem a provar tudo o que há de novo no mercado, mas outras não sentem qualquer interesse em mudar de marca, em particular se não estão

**Imagem 9.** Fomentando a experimentação do produto

descontentes. Por isso, no caso de lançamento de bens e serviços ou quando a marca é pouco conhecida, o fabricante ou o retalhista têm tendência a estimular a sua experimentação, seja através de amostras, seja proporcionando as condições necessárias para essa experiência. Os promotores não têm apenas a função de distribuir produtos, mas também de fornecer explicações sobre a marca.

- ***Garantias***

Para além das garantias exigidas por lei, algumas marcas asseguram aos consumidores um prazo de garantia mais extenso ou, no caso de automóveis, por exemplo, garantia para outros aspetos não obrigatórios. Mesmo não se tratando de dinheiro na mão, uma extensão de garantia vale dinheiro e é, para além disso, um sinal de que a marca confia nos seus produtos e serviços.

- ***Bundles***

Um *bundle* é um conjunto de produtos, de uma mesma marca ou não, que são vendidos em conjunto. Tipicamente são produtos complementares, ou semelhantes com dimensões diferentes. Pode ser o dentífrico e o elixir dental, pode ser massa e queijo ralado ou cola com batatas fritas. A ideia é que o consumidor perceba mais valor neste conjunto do que na compra dos dois bens ou serviços isoladamente.

Muitos bens e serviços têm vindo a oferecer *bundles* mas destes, destacam-se os serviços de telecomunicações que atualmente juntam serviços de internet, voz, TV.

**A Nowo dá ao consumidor a possibilidade de customizar o seu *bundle*.**

- ***Expositores PLV* (publicidade no local de venda)**

**Imagem 10.** Exemplo de expositor da marca Compal

Os expositores têm um papel crucial nas promoções no espaço da loja, já que servem não só para armazenar, mas também para exibir os produtos. Normalmente, os expositores captam a atenção e suscitam nos visitantes da loja uma sensação de quantidade. E quantidade significa, geralmente, um preço melhor.

- ***Folhetos publicitários***

A importância de um bem ou serviço constar de um folheto ou revista promocional é conhecida de todos. As lojas alimentares utilizam esta técnica promocional com grande êxito, colocando os produtores a assumir o custo referente à presença das suas marcas nos folhetos promocionais. Em contrapartida, é garantido que produto em folheto gera um aumento de vendas importante.

- ***Topos e ilhas***

Tal como no caso dos expositores, a presença de produtos no topo significa, habitualmente, que esses produtos estão em promoção. O mesmo acontece com as chamadas "ilhas", que são aglomerados de produtos no meio dos corredores, de tal forma que é impossível que o cliente percorra o espaço de venda e não veja a promoção.

Por fim, é preciso referir que nem todas as promoções de vendas são bem-sucedidas. Na verdade, simplesmente aumentar as vendas não é garantia de rendibilidade. Assim, para calcular o custo da promoção, de forma a poder confrontá-lo com o incremento das receitas, é necessário considerar:

- As despesas das atividades envolvidas (concursos, brindes);
- Valor dos prémios, brindes ou produtos oferecidos;
- Dedução na margem (redução de preços e vales desconto);
- Despesas das ações no ponto de venda e com a distribuição (promotores, topos, destaques, folhetos).

O benefício (= Margem × Quantidade vendida) deve ser comparado com os custos para se perceber se a promoção funcionou. A respetiva promoção terá funcionado se:

- O acréscimo em vendas foi suficiente para compensar a redução da margem (o consumidor é mais motivado por uma oferta do que pela publicidade);
- Houve melhoria do reconhecimento e notoriedade da marca;

- Houve produção de um efeito positivo na formação de uma atitude favorável do consumidor face à marca;
- Representou um obstáculo à expansão das marcas concorrentes (defesa da posição no mercado).

**Novas tendências em promoções de vendas**

Tal como em outras áreas do marketing, também nas promoções de venda se têm vindo a fazer sentir algumas novas tendências, das quais se destacam:

- Promoções personalizadas, isto é, em produto e serviços que o cliente costuma comprar;
- Promoções dinamizadas no espaço digital e com uma dinâmica interativa;
- Utilização de distribuidores automáticos (cupões e vales de desconto);
- Promoções resultantes de parcerias entre várias marcas;
- Causas ecológicas e humanitárias;
- Compras em grupo;
- Promoções *Last Minute* (preços dinâmicos que descem abruptamente no final do prazo);
- *Pay what you want* (o cliente pode decidir o preço que acha justo pagar);
- Deixar o cliente decidir quais os produtos em que quer ter promoções.

## 6.5. A Comunicação

Não se podendo afirmar que é a mais importante das variáveis de marketing, a Comunicação é, porventura, a mais visível e a que mais exposição dá a um produto ou marca, a ponto de esta variável ser muitas vezes considerada como sinónimo de marketing.

Mas não se trata da única confusão comum em comunicação de marketing. Por exemplo, é frequente ouvir-se dizer que comunicação e publicidade são a mesma coisa, o que corresponde a tomar o todo pela parte. Da mesma forma, há quem considere que, no espaço digital, marketing é fundamentalmente comunicação, o que não é verdade.

**Enquanto variável do *mix* de marketing de uma qualquer organização, e independentemente da sua dimensão, a comunicação tem, ela própria, um conjunto de ferramentas que formam o chamado *mix* de comunicação e que corresponde às mais diversas formas que uma empresa ou entidade tem para comunicar com os seus alvos.**

Frequentemente utilizados em conjunto e de forma planeada, constituem aquilo que se chama Comunicação Integrada (figura 24).

**Figura 24.** O *mix* de comunicação de marketing.

## 6.5.1. *O processo de Comunicação*

Uma das premissas importantes em comunicação é que ela não é um custo mas sim um investimento. Não comunicar nada é deixar que os concorrentes decidam o lugar da empresa no mercado. Por outro lado, é bom não perder de vista que, em marketing, tudo comunica: e quando se diz tudo, pretende-se referir desde a pessoa que atende o telefone, à postura do vendedor ou ao aspeto do folheto que a loja distribuiu.

Para que haja verdadeiramente comunicação, é necessária a existência de um emissor da comunicação – neste caso, assumimos que seja uma empresa – e um recetor da comunicação, isto é, o público-alvo que a organização deseja atingir. Para além destes dois elementos, deve haver um canal por onde a comunicação passa e uma mensagem a ser transmitida. A figura 25 ilustra as decisões do responsável pela comunicação da empresa

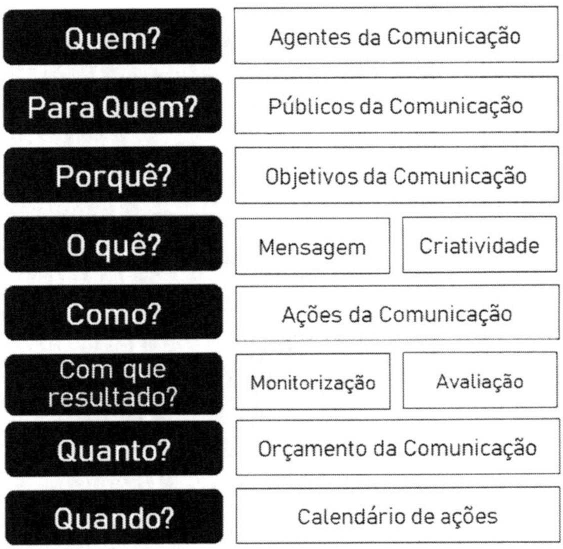


**Figura 25.** Decisões de comunicação.

Uma campanha publicitária, por exemplo, é composta por uma ou mais peças publicitárias que podem ser transmitidas em um ou vários canais. Todas elas têm um emissor (no caso, a empresa, marca ou qualquer outra entidade que tem algo a dizer), um alvo de comunicação composto pelas pessoas a quem se pretende chegar, uma mensagem correspondente ao que se pretende que o alvo saiba ou faça.

Esta mensagem deve dar resposta ao problema de comunicação, isto é, ao que motiva a organização a fazer a campanha. Convém notar, antes de mais, que objetivos de marketing e objetivos de comunicação não são a mesma coisa. Os objetivos de marketing têm tipicamente a ver com vendas e mercado. São exemplos de objetivos de marketing aumentar a quota de mercado da marca, conquistar a liderança do mercado, ultrapassar um concorrente ou, por exemplo, alargar a penetração geográfica para o mercado externo.

**Se o objetivo de uma empresa é o de alargar a penetração geográfica para o mercado interno, a mensagem deve ser capaz de divulgar a presença desta empresa neste novo mercado. Por exemplo, se a marca Continente deseja expandir para todo o território nacional e, com isso, abrir uma unidade em Vila Nova de Milfontes, a mensagem deve ser capaz de promover essa ideia.**

Por outro lado, os objetivos de comunicação são normalmente meios para atingir os de marketing. Podem ter a ver com a criação de notoriedade para a marca, com o incremento do conhecimento da mesma, designadamente os seus atributos e benefícios, construir e consolidar a imagem da marca, estimular comportamentos ou novos momentos de consumo.

**A marca CIF, de produtos de limpeza, mostra quais as possíveis aplicações do seu desengordurante para além das tradicionais, visando estimular comportamentos e novos momentos de utilização do mesmo, como por exemplo limpeza de caixas plásticas e micro-ondas.**

Para além da mensagem do emissor e do recetor, é necessário um canal de comunicação. Atualmente existem numerosíssimos canais possíveis, muito para além dos tradicionais rádio, televisão e imprensa; na verdade, não apenas os canais digitais, mas também o interior e o exterior dos transportes públicos, as casas de banho de bares, o pavimento das ruas e de equipamentos desportivos, por exemplo, as caixas eletrónicas, tudo pode ser utilizado, com criatividade, como canal veiculador de comunicação.

A utilização de um ou outro canal depende de quem se pretende captar e do orçamento disponível. O canal rádio não é melhor do que o da publicidade exterior simplesmente porque sim; há varáveis situacionais que contribuem na escolha dos canais, nomeadamente o facto de ser, ou não, lá que se encontra o público-alvo.

Quando a comunicação não chega ao público-alvo, tal pode dever-se a causas variadas; pode acontecer que a mensagem não é suficientemente relevante para o alvo, de forma a prender a sua atenção, mas também pode ocorrer que a empresa está a utilizar canais que não são os mais indicados para essas pessoas. Diz-se, então, que há ruído na comunicação. Na comunicação, o ruído pode ser provocado por sons que impedem o alvo de perceber a mensagem, mas, na maioria dos casos, o ruído tem mais a ver com outras barreiras à comunicação: irrelevância, argumentos de venda não pertinentes, linguagem desadequada ou canal errado.

Uma das características que marca fortemente a comunicação publicitária, designadamente a partir da popularização da *internet*, é o *feedback* do público-alvo que, atualmente, está disponível para falar com as marcas. Através do *site*, em *blogs*, redes sociais e espaços de conversa, os consumidores expressam hoje a sua opinião, classificam, sugerem, apresentam reclamações e escrutinam totalmente as marcas. Nomeadamente a partir da chamada *web* 2.0, depois de 2004 sensivelmente, a explosão das redes sociais potenciou a economia da conversa no espaço digital que tornou os consumidores verdadeiros protagonistas da comunicação das marcas, particularmente através do WOM digital (*word of mouse*).

### *6.5.2. As variáveis do mix de comunicação*

#### *6.5.2.1. A venda pessoal*

A venda pessoal é, pela sua própria natureza, a variável de comunicação por excelência. Todas as outras formas de comunicar, desde a publicidade aos patrocínios, procuram, de alguma forma, imitar uma conversa entre duas pessoas onde uma procura convencer a outra sobre os benefícios de um bem ou serviço.

A importância da venda pessoal é de tal maneira forte que, em certos casos, os clientes fidelizam na pessoa e não na marca, não sendo raro seguirem um vendedor quando este muda de empresa. Nestas circunstâncias, a relação estabelecida entre potencial comprador e vendedor faz com que o atendimento seja um dos principais fatores diferenciadores de muitos negócios e responsável pela escolha do ponto de venda.

Tradicionalmente, entendia-se que o importante era o vendedor falar muito, descrevendo as "virtudes do produto" e, por insistência, conseguir que o cliente o comprasse forçado pelo cansaço. Contudo, sabemos hoje que o vendedor não deve mais ser a pessoa que quer vender a todo o custo, mas sim a pessoa que se assume como consultor/conselheiro de um cliente, ajudando-o a identificar as suas necessidades.

Uma das premissas mais importantes das vendas, seja a empresas ou a consumidores finais, é que o comprador adquire algo para suprir uma falta ou uma necessidade, por menos funcional que ela seja. Assim, a comunicação de marketing e o discurso do vendedor não criam necessidades, mas ajudam a despertar no público a consciência do benefício que a pessoa vai ter ao usar esse produto. Por esta razão, o vendedor tem de salientar os benefícios e não as características do produto porque, ainda que existam compras mais racionais do que outras, a emoção está sempre presente na decisão de escolha.

Dito de outra forma, o vendedor deve saber responder a esta pergunta: Qual é a "dor" que o meu produto cura?

**Os desodorizantes Dry Comfort, da marca NIVEA, mostram na sua publicidade que o consumidor terá "proteção extrasseca o dia todo". Ou seja, a NIVEA foca o benefício para o consumidor, no que ele "ganha" ao consumir o produto.**

### *6.5.2.2. A Publicidade*

A publicidade é o ato de dar a conhecer um produto ou um conjunto de produtos, incitando ao seu consumo. Por outras palavras, é a arte de convencer, persuadir e seduzir. Enquanto variável de comunicação, difunde informação através de diferentes meios, tais como a televisão, a rádio, a internet, a imprensa ou através de canais digitais.

**Imagem 11.** Exemplo de publicidade machista – "Quer dizer que até uma mulher consegue abrir a embalagem?"

A publicidade faz parte das nossas vidas; está nas ruas, nos centros comerciais, nos transportes públicos, dentro das nossas casas, no jornal, na revista, no telemóvel, na *internet*. Ela acompanha a dinâmica da sociedade atual, os gostos e tendências dos consumidores, de tal forma que o que era aceitável há umas décadas atrás, não faz hoje qualquer sentido. Por exemplo, a publicidade a tabaco ou os anúncios com conteúdo machista, que hoje são inaceitáveis, eram normais em gerações anteriores.

O objetivo da comunicação publicitária foi formulado pela primeira vez no final do século XIX, acredita-se que por Elmo Lewis, tendo depois sido popularizado em livros e ações de formação de vendas. E, na verdade, está longe de se encontrar desatualizado já que exprime de forma clara as quatro fases/objetivos da comunicação publicitária (figura 26).

**Figura 26.** Modelo AIDA – Objetivos da comunicação.

## Conceitos de comunicação

Para além do emissor, recetor e do canal, destacam-se os seguintes conceitos:

- A mensagem – Toda a publicidade tem uma mensagem que entrega uma promessa; mais ou menos explícita, mais ou menos credível, sem mensagem não há comunicação. É comum confundir-se o *slogan* da campanha com a mensagem, mas tal não é necessariamente verdade; mensagem corresponde ao que a marca quer que as pessoas fiquem a saber. O *slogan* da campanha, por sua vez, pode expressar clara e diretamente a mensagem pretendida ou, pelo contrário, ser mais subtil ou irónico e dizer algo menos óbvio. De resto, um anúncio pode até nem ter a mensagem escrita.

  A promessa de uma marca pode ser muito explícita *"A marca X lava mais branco"*, situação em que a marca está efetivamente a prometer que lava tudo. Ou ser mais simbólica e menos óbvia.

  Na campanha abaixo, do Banco Alimentar, a mensagem é expressa muito mais pelo suporte escolhido (os secadores de mãos) do que pelo texto do *headline*.

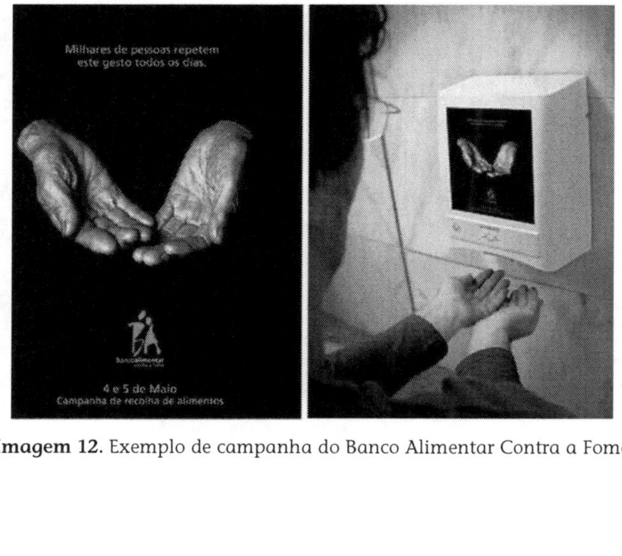


**Imagem 12.** Exemplo de campanha do Banco Alimentar Contra a Fome

- A prova da mensagem – Numa comunicação credível a mensagem tende a ter alguma coisa que fundamente, que prove que a promessa é verdadeira. É assim que, muitas vezes, os anúncios de detergentes para roupa exibem o que se passa no interior da máquina de lavar ou que uma campanha de uma marca de champô mostra testemunhos reais de pessoas que viram o seu cabelo transformado com aquele produto.
- O *slogan* – Muito confundido com o conceito de assinatura, e frequentemente utilizado como seu sinónimo, o *slogan* é uma frase impactante, normalmente curta, que deve transmitir o essencial pretendido para uma campanha. Os *slogans* mudam de campanha para campanha, mas a assinatura da marca tende a não mudar. O *slogan* da campanha pode variar com o produto que está a ser promovido, mas a assinatura da marca permanece.

**A campanha da cerveja Superbock que tinha como *slogan* "Amigos não têm defeitos têm feitios" manteve a assinatura de marca "SuperBock Sabor Autêntico!**

- A assinatura de marca – assinatura é algo que resume a marca e que encerra a sua promessa, razão por que a assinatura da marca não deve mudar com frequência. Por exemplo: Geox, o sapato que respira; Red Bull dá-te asas; Nike, *Just do it!*
- O *copy* do anúncio – o *copy* é a parte escrita do anúncio (que pode não existir) – e que normalmente complementa e enriquece a imagem. Em abordagens mais racionais, como na publicidade bancária, por exemplo, é necessário dar mais informação que possa convencer o possível interessado e fundamentar a sua escolha. Aí, o texto é normalmente mais informativo, o que não significa que a publicidade a bancos não possa e deva ser criativa.

**Imagem 13.** Exemplo de anúncio bancário com *copy*

- O *call to action* é o convite à ação, é a frase que impelirá o alvo a fazer o que a marca pretende, seja essa ação a compra de um produto, de uma ideia ou de um comportamento.

## Objetivos da publicidade

Nem todas as campanhas têm os mesmos objetivos. É claro que se pode argumentar que, no fim da linha, o propósito de uma campanha publicitária é vender mas, de uma forma mais precisa e imediata, os objetivos a atingir diferem com a necessidade da marca, com o seu estágio de vida e com os problemas que enfrenta no momento. Assim, é normal que uma nova marca queira, essencialmente, que as pessoas saibam que ela existe e que a experimentem, mas uma marca mais conhecida pode enfrentar outros problemas como, por exemplo, a entrada no mercado de um novo concorrente ou o facto de ser vista como antiquada.

É neste contexto que a comunicação publicitária procura desencadear vários tipos de respostas. Vejamos os seguintes exemplos de campanhas brasileiras, todas elas relacionadas com a violência doméstica, mas com diferentes abordagens, não obstante o objetivo final ser semelhante.

### *Respostas cognitivas*

Algumas campanhas têm como finalidade principal tornar o produto/serviço conhecido, isso é, assegurar que o público-alvo tem conhecimento de que ele existe. Pretende-se criar cognição, conhecimento. Por exemplo, que as pessoas saibam que diariamente, no Brasil, 360 pessoas são vítimas de violência doméstica. Pressupõe-se que o conhecimento levará à ação.

**Imagem 14.** Campanha que procura respostas cognitivas

### *Respostas afetivas*

Nesta outra campanha, do Instituto Filhas de Sara, o propósito é despertar uma resposta afetiva – de pena, de horror, de repugnância – algo que acorde o público-alvo para uma realidade que é conhecida, mas frequentemente ignorada. Neste caso, uma vez mais, a consciencialização da realidade levará à ação.

**Imagem 15.** Exemplo de campanha da APAV

### *Respostas comportamentais*

Já nesta campanha da Secretaria de Estado da Segurança Pública e da Defesa Social brasileira, o principal objetivo é desencadear uma ação – vulgarmente designado por *Call to Action.*

No caso em questão, a ação será denunciar através de um número telefónico.

**Imagem 16.** Exemplo de campanha que procura respostas comportamentais

### *O briefing criativo*

O responsável pela comunicação na empresa deve saber o que quer conseguir, no que respeita a objetivos de marketing e de comunicação, deve identificar quem é o seu público-alvo e saber o que pretende dizer-lhe mas, naturalmente, ele não é a pessoa indicada para fazê-lo no que respeita à parte criativa da campanha; por muito jeito que este responsável pense ter para o desenho, é mais razoável pedir esse trabalho a um especialista em campanhas publicitárias, isto é, uma agência ou até mesmo alguém em regime de *freelancer*.

Para isso, é necessário elaborar um *briefing*, um documento curto que transfira para quem vai fazer a campanha, toda a informação necessária para a realização da mesma. Vale a pena lembrar que esta pessoa da agência não tem qualquer obrigação de conhecer a marca, e muito menos o seu histórico, razão pela qual o responsável da empresa deve estruturar sinteticamente tudo o que pode ajudar na construção da campanha, independentemente de ser um simples folheto para distribuir perto da empresa anunciante.

O *briefing* é, então, um conjunto de informação elaborado pelo anunciante que permite à agência compreender, em toda a sua amplitude, o problema com que o anunciante se debate e resolvê-lo.

### *Como é feito um briefing?*

Um *briefing* inclui informação diversa sobre a empresa, a marca, o problema a resolver com a comunicação e ainda outros aspetos como se pode ver, de forma resumida, na Tabela 5.

**Tabela 5.** Os elementos do briefing criativo.

| Tópico | Conteúdo da informação |
|---|---|
| 1. O contexto situacional | |
| A marca | Produtos e serviços da marca; nível de conhecimento da marca no mercado; associações de marca conhecidas; imagem da marca, tipo de relação que o público tem com a marca. |
| Histórico da comunicação | O que já foi feito em termos de comunicação da marca? Qual tem sido a mensagem passada? Qual tem sido o tom da comunicação (irónico, racional, irreverente)? Que impacto teve esta comunicação? Como tem sido percecionada? |

| Tópico | Conteúdo da informação |
|---|---|
| Envolvente do mercado e empresa | Características da envolvente do negócio (sociais, legais, culturais)<br>Que outras marcas tem a empresa? Qual é a cultura empresarial?<br>Existem condicionalismos neste mercado (sociais, legais)? |
| Concorrência | Que pontos fortes/fracos têm os outros concorrentes? Como comunicam? Com que resultados? |
| 2. O público-alvo | Quem são? Que características lhes conhecemos? Como se relacionam com a marca (fiéis, ocasionais, indiferentes)? Qual é a motivação para comprar a marca? O comprador e o utilizador são a mesma pessoa? Há influenciadores no processo de decisão? |
| 3. O problema | Qual a situação que se pretende resolver? Por exemplo: a marca está a vender pouco porque a marca está com uma fraca penetração do segmento-alvo porque há um decréscimo de aquisição porque entrou um novo concorrente no mercado; a marca não é conhecida. |
| 4. Objetivo a atingir com a comunicação | Ex: Dar a conhecer a marca/criar notoriedade; fazer gostar criando novas associações; estimular a compra mais assiduamente; desfazer mitos; alterar o momento de consumo. |
| 5. Mensagem | Que mensagem queremos passar? O que é que sustenta esta promessa?<br>Por exemplo: é mais barato do que os concorrentes; tem uma qualidade superior aos outros; dura mais; é usado por pessoas conhecidas; é mais eficaz do que os concorrentes; é mais saudável; conceito inovador. |
| 6. *Timing* | Condicionantes temporais inalteráveis, isto é, o período temporal em que a campanha deve passar. Por exemplo, no início do Verão, no Natal, antes da Páscoa. |
| 7. Orçamento da comunicação | Noção de grandeza disponível.<br>Este é dos pontos mais importantes numa campanha; na verdade, não vale a pena pensar em fazer filmes ou anúncios de rádio se, depois, a empresa não tem dinheiro para comprar o respetivo espaço de *media*. |

### Medir os resultados da comunicação

Uma das questões mais prementes na comunicação de marketing é a medição dos resultados. Se, no espaço digital, a medição está bastante facilitada, sendo praticamente possível acompanhar os passos de utilizador por todo o lado, nos meios físicos a questão é diferente. Vejamos o que se passa com o principal indicador – as vendas.

No final de uma campanha publicitária, a marca pode sempre verificar a evolução das vendas, relacionando este comportamento com a campanha que fez, porém este indicador não lhe diz tudo. Porquê? Porque ele não garante que a publicidade tenha sido a responsável pelo eventual acréscimo de vendas.

Por um lado, quando uma empresa faz publicidade, ela não controla outras variáveis que ocorrem no mercado ao mesmo tempo; por exemplo, uma eventual promoção de vendas de um competidor; por outro lado, há tipos de produtos que não são de compra repetida e cujo processo de decisão de compra pode ser demorado. Assim, por exemplo, o resultado de uma campanha publicitária de um automóvel ou um eletrodoméstico pode refletir-se, somente, passado alguns meses ou até mais tarde.

As agências de comunicação fazem habitualmente um plano de meios, tendo em conta o *timing* e orçamento do seu cliente, considerando as informações de que dispõem sobre as audiências de cada meio de comunicação e de cada suporte de comunicação (estações de rádio, canais de TV, revistas, jornais). Porém, esta informação é feita para os grandes órgãos de comunicação e por estimativas. Entre as medidas mais utilizadas para estimar a eficácia de uma campanha, encontramos:

- OTS (*Opportunity to see*) – é uma medida da frequência da exposição da campanha no suporte utilizado e indica o número de vezes, em média, que o público-alvo teve oportunidade de ver a campanha;
- GRP *(Gross Rating Point)* – mede o impacto da campanha, já que multiplica a frequência (OTS) pela percentagem do público-alvo atingido (cobertura da campanha).

**20% (do público-alvo a atingir) × 5 (nº de vezes que a campanha foi vista) = 100 GRP**

É este indicador, o GRP, que é habitualmente utilizado para evidenciar ao anunciante o impacto que a sua campanha teve. Como é evidente, porém, nada substitui as vendas como indicador de referência.

### *6.5.2.3. As Relações Públicas*

As relações públicas são uma ferramenta de comunicação que visa construir relações de benefício mútuo entre as organizações e os seus públicos. O objetivo das relações públicas é informar o público, potenciais clientes, investidores, parceiros, funcionários e outras partes interessadas, persuadindo-os a manter uma certa visão sobre a organização, a sua liderança, os produtos ou as decisões políticas. Por outras palavras, não é já a empresa a falar de si própria, mas ela a procurar que sejam os outros a falar da empresa.

Ao contrário da publicidade, que normalmente procura captar os consumidores finais e influenciadores da compra, as relações públicas podem ter públicos muito diversificados que vão desde clientes, colaboradores, fornecedores e sindicatos, aos líderes de opinião, aos *media* e ao público em geral. Em particular, os *media* são um público muito importante nas relações públicas, já que passa por eles a decisão e a capacidade de divulgação de notícias.

Um dos principais propósitos das relações públicas é a divulgação dos chamados comunicados de imprensa, ou *press releases*, que são enviados para os órgãos de comunicação para darem origem a notícias. A divulgação da informação que é considerada importante para a empresa, pode, por vezes, não merecer grande atenção por parte dos *media*, uma vez que não é a empresa que controla os conteúdos dos jornais, revistas ou noticiários de televisão.

Os departamentos e/ou as pessoas encarregadas pelas relações públicas têm também a tarefa de organizar eventos com vista à divulgação de informação pertinente para a organização. Estes eventos podem ir desde uma simples distribuição de folhetos até um mega espetáculo para um público que seja interessante para a empresa, ou à organização de uma conferência de imprensa.

**A Pepsi desenvolve um mega festival musical gratuito chamado de Pepsi Twist Land com apresentação de diversas bandas. O objetivo é promover a imagem da marca como jovem e mais descolada.**

### *6.5.2.4. O Marketing Direto*

Marketing direto é uma designação criada pelo publicitário Lester Wunderman para designar as comunicações concebidas não em função de vastos mercados anónimos, mas de compradores individualizados. Um dos mais conceituados autores do tema, Bob Stone, define Marketing Direto como:

**a utilização interativa de meios publicitários para estimular de forma imediata uma alteração comportamental, de tal forma que esse comportamento possa ser medido, registado, analisado e guardado em base de dados para utilizações futuras**

Esta definição encerra vários elementos importantes e que servem para distinguir o marketing direto de outras campanhas, frequente e erradamente chamadas de diretas. Repare-se na característica interatividade, que implica uma comunicação bidirecional, o estímulo a uma resposta comportamental imediata, e a mensuração de informação que possa vir a ser utilizada outras vezes.

Porém, a direccionalidade do marketing direto vem de ele ser claramente personalizado e enviado para uma lista de contactos previamente preparada e não para todas as pessoas. Comunicação não endereçada, colocada em todas as caixas de correio de um quarteirão não é marketing direto, da mesma forma que não o é uma campanha de *emailing* enviada para uma lista interminável de contactos de *email*, que nada têm a ver com o assunto em causa e que são totalmente desconhecidos.

Em contrapartida, se uma empresa escrever, telefonar ou enviar um *email* a todos os seus clientes avisando que vai alargar a sua oferta para outro tipo de produtos, ela está, de facto, a fazer marketing direto. A direccionalidade destas campanhas nada tem a ver com o canal – é possível fazer marketing direto por correio (correio direto), por telefone (*telemarketing*), por *email*, por SMS ou mesmo pessoalmente.

O marketing direto tem grandes vantagens e também limitações (ver tabela 6).

**Tabela 6.** Os prós e os contras do Marketing Direto.

| Vantagens | Desvantagens |
|---|---|
| Atinge o alvo correcto | "Atafulha" a caixa do correio |
| Permite medir resultados | O excesso de direct mail compromete o seu impacto |
| Boa relação custo/resultado nas vendas | Tem uma imagem de criatividade limitada |
| Acessível e de utilização generalizada | Tem imagem de pouca abrangência e pouca frequência |
| Capacidade explicativa | |
| Capacidade de reforçar outros meios | |
| Cobertura universal | |

## As peças essenciais de uma campanha de marketing direto

As campanhas de marketing direto podem variar muito em termos de criatividade, abrangência e impacto, mas existem alguns elementos que não podem faltar numa campanha típica.

- ***A base dados***

Trata-se de um conjunto sistematizado de informação, processada informaticamente sobre cada cliente, organizada de acordo com as necessidades específicas de cada organização. Pode ser construída pela própria empresa, comprada ou alugada, especialmente para prospetos.

- ***A carta***

Tipicamente, uma campanha de marketing direto por correio inclui uma carta/cartão onde é explicado o que se pretende que o alvo faça ou compre, tendo uma capacidade informativa superior a um anúncio. Tem de passar uma mensagem e explicar por que motivo a pessoa deve comprar ou agir de determinada forma. A carta ou *email* deve chamar a atenção da pessoa para o que é relevante, não deve ser muito grande (idealmente, uma página), deve vender, isto é, explicar o benefício da oferta, deve ser assinada e, acima de tudo, personalizada (evitar utilizar, por exemplo, Exmo. Sr.(a).

Nas comunicações digitais, o recurso a *links* é importante para simplificar a mensagem e para o recetor ir direto para onde se pretende que ele tenha uma resposta comportamental.

- ***O envelope***

Em campanhas por correio, o envelope é uma peça-chave; a sua originalidade e capacidade de atração é o que faz com que o alvo tenha curiosidade de abrir a carta. Uma embalagem interessante e original pode substituir o envelope.

- ***O folheto/catálogo***

Normalmente, o marketing direto faz recurso a um folheto e este é uma peça de venda. Deve ser atrativo, mostrar benefícios, pode ter testemunhos, mas, sobretudo, deve estimular a vontade de fazer ou ter algo.

- ***O brinde***

O brinde é essencial no marketing direto. É ele que faz com que o recetor não perca o interesse na campanha. Pode ser a própria embalagem, pode ser a possibilidade de participar num concurso, ou uma peça útil e original.

- ***O call to action***

Independentemente do canal utilizado, o estímulo para a ação é fundamental e tem de existir. O incentivo pode ser um *link*, um envelope já com taxa paga para ser colocado no correio, ou um convite para um telefonema grátis.

- ***O Telemarketing***

O marketing direto feito por telefone pode dividir-se em *inbound* marketing (receção de chamadas) ou *outbound* marketing (realização de contactos para o exterior). O sucesso de uma campanha de telemarketing depende, em grande escala, de quatro elementos: a lista de contactos, a oferta que é comunicada, o operador telefónico e o *script* ou guião do contacto.

Nos contactos telefónicos, o operador é um vendedor que deve saber o mais possível do que está a vender ou a propor a um potencial cliente. Por isso, o operador tem a função de fazer o outro sentir-se importante e, mais do que satisfazer, exceder as suas expectativas. Para o cliente, o operador representa a empresa e é através desta conversa que ele constrói a imagem da empresa.

Neste tipo de contactos, é importante ter em mente que a comunicação se vai perdendo no decorrer da conversa, sobretudo se for ao telefone. Assim, entre aquilo que uma pessoa quer transmitir e o que diz efetivamente, entre o que se diz e o que o outro entende, vai havendo perda de informação o que, por vezes, dificulta a compreensão da mensagem. Por outro lado, as campanhas de *telemarketing* são frequentemente mal recebidas por serem inoportunas e com ofertas irrelevantes, o que faz com que o recetor esteja muitas vezes já desconfiado.

Assim, numa conversa telefónica, num contexto em que a maior parte de comunicação interpessoal é não verbal (hesitações, impaciências, ironia, falta de entusiasmo), o operador deve pronunciar claramente as palavras, ter um tratamento personalizado e natural, deve ser proativo e capaz de antecipar as objeções, saber fazer perguntas e escutar eficazmente.

### *6.5.2.5. Patrocínios e Mecenato*

O patrocínio é um investimento de comunicação que possibilita a ligação de uma marca ou organização a um acontecimento atrativo para um determinado público. Já o mecenato tem uma lógica muito semelhante; o seu nome vem do seu criador, Caio Maecenas, e consiste na prática de atribuição de donativos, em dinheiro ou espécie, sem concessão de contrapartidas de carácter comercial por parte dos beneficiários com atividade na área social, cultural, ambiental, científica, tecnológica ou educacional. Tem, habitualmente, benefícios fiscais.

Embora frequentemente ligado a eventos desportivos, os patrocínios podem ser realizados no âmbito da educação, programas de TV viagens, explorações ou espécies animais, entre outros.

Enquanto instrumento de comunicação, o patrocínio baseia-se numa relação contratual que implica ganhos mútuos, isto é, o patrocinador investe dinheiro para ganhar visibilidade e associações ligadas à sua marca junto de um público que lhe interessa e que é o público que assiste ao evento. Por seu lado, o patrocinado recebe recursos, disponibilizando oportunidades de divulgação da marca do patrocinador junto do público do evento. É habitual conceptualizar-se esta relação sob a forma de uma figura chamada o triângulo dos patrocínios (figura 27).

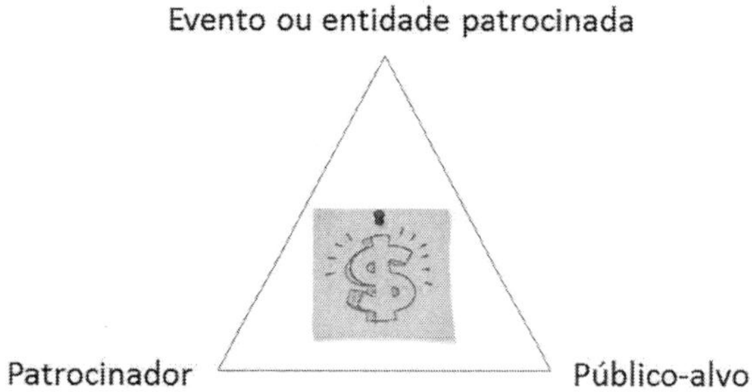


**Figura 27.** O triângulo dos patrocínios.

A utilização de patrocínios levanta certas questões: como escolher o evento ou a entidade patrocinada? Quanto investir? Como avaliar o retorno? Por outro lado, este investimento tem vantagens e algumas limitações (ver tabela 7).

**Tabela 7.** Vantagens e desvantagens dos Patrocínios.

| Vantagens | Desvantagens |
|---|---|
| Consegue captar tipos específicos de audiências | Pode causar anticorpos junto de públicos opositores |
| Aumenta a notoriedade da marca patrocinadora | É mais arriscado do que o investimento publicitário |
| Reforça as associações da marca | Pouco consensual |
| Consolida ou cria as relações entre o patrocinador e os públicos | Muito sensível ao marketing de emboscada |
| Contribui para o aumento das vendas | |
| Permite a distribuição de amostras e brindes | |
| Permite ultrapassar os condicionalismos da publicidade | |
| Atrai cobertura mediática | |
| Pode ter um bom custo por contacto | |

### *6.5.2.6. O WOM*

A comunicação WOM (*Word-of-Mouth*) é uma comunicação informal e pessoal entre um emissor, entendido como não tendo finalidades comerciais, e um recetor sobre uma marca, produto ou serviço; refere-se a todas as comunicações informais dirigidas a outros consumidores.

O WOM ocorre quando os consumidores dão conselhos e opiniões ou quando partilham experiências sobre produtos, serviços ou marcas com outros consumidores.

Recentemente o conceito WOM tem ganho grande protagonismo, sendo considerado por muitos como uma das formas de comunicação de marketing mais eficaz, de tal forma que várias campanhas publicitárias são já feitas para serem dinamizadas pelos próprios utilizadores através de meios digitais.

**O que torna uma campanha viral**

Ninguém sabe exatamente o que torna uma campanha viral; por vezes, este fenómeno ocorre por acaso e outras vezes nem se percebe bem o que estimulou essa difusão. No entanto, há alguns conselhos que podem ser dados para potenciar a partilha de conteúdo:

- Reflexo social: ninguém partilha conteúdos só porque sim; os conteúdos que enviamos a outros refletem a forma como queremos ser vistos, aquilo que achamos interessante. Daí que seja mais provável viralizar um conteúdo que é divertido, inteligente, solidário ou atual;
- Criar estímulos que favoreçam a memorização: frases, palavras, associação de palavras, jargões que funcionem como gatilho para uma ação e façam com que a pessoa associe de imediato uma imagem ou frase a uma resposta;
- Emocionar: as pessoas tendem a partilhar o que as emociona, seja alegria, pena, raiva, etc. O humor, em particular, é um bom gatilho para a difusão de conteúdos. Em contrapartida, os conteúdos tristes são menos partilhados e correm o risco de obter o efeito contrário ao desejado;

- Contar histórias: o popular termo *storytelling* é útil na viralização de campanhas. Contar histórias onde o recetor se possa projetar ajuda a memorizar e credibilizar a mensagem;
- Ter relevância ou utilidade: como em qualquer comunicação, o conteúdo tem de ter importância para o recetor. Pode ser um tutorial a ensinar a fazer algo com utilidade, pode ser alguém a dar dicas de algo quotidiano, mas tem de ter relevância para quem vê. Ao acrescentar valor, aumenta-se a probabilidade de o conteúdo ser partilhado;
- *Call to action*: O apelo à ação é importante para a difusão.

***O desafio do WOM***

É importante não perder de vista que, sendo uma forma de comunicação informal, o WOM não é controlável por uma organização mas pode ser monitorizado, mas não controlado.

Ao falar sobre empresas, marcas ou produtos, nas redes sociais e em espaços de conversa, os utilizadores são livres de dizer o que querem, independentemente de ser ou não justo, verdade ou não. Por essa razão, as organizações devem ter o máximo cuidado e controlo sobre o que, sobre elas, se diz na internet.

### *6.5.3. Marketing e comunicação digital*

Entende-se por Marketing Digital o conjunto de atividades que uma organização realiza nos meios digitais com o propósito de atrair novos negócios, criar e consolidar relacionamentos e desenvolver uma identidade de marca.

Desde os anos 90, quando surgiram os primeiros motores de busca e as primeiras vendas *online*, a internet tem vindo a evoluir continuamente. Na sua primeira fase, hoje designada por web 1.0, a internet permitia uma comunicação muito pouco interativa; faziam-se *downloads*, consultavam-se catálogos, surgiam os primeiros *banners* publicitários e dava-se início ao *e-commerce*. Surgiu o Google, na sua forma mais rudimentar e popularizou-se o conceito de Marketing Digital.

Por volta de 2004, com o surgimento das redes sociais, os canais online passaram verdadeiramente a ser plataforma de comunicação interativa, em ambos os sentidos; se, antes, eram apenas as organizações que falavam para uma massa de potenciais utilizadores/consumidores pouco conhecidos, nesta segunda fase da internet – a web 2.0 – não apenas os utilizadores passaram a poder falar com as organizações como também – porventura, mais importante – passaram a comunicar entre si, dando início a um espaço de conversa que as marcas não podem já controlar mas que pode condicionar muito fortemente a sua imagem e reputação.

A figura 28 ilustra a alteração introduzida pela segunda geração web, quando as pessoas passaram a poder facilmente interagir com as empresas e entre si.

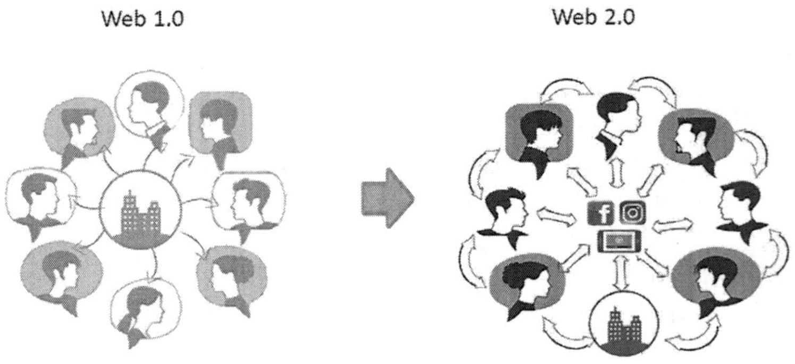


**Figura 28.** Da web 1.0 à web 2.0.

Esta alteração introduziu, na comunicação empresarial e interpessoal, uma interatividade nunca antes vista e, com ela, uma nova tipologia de canais de comunicação (figura 29).

Como se pode ver na figura 29, os canais de comunicação não têm todos a mesma natureza no que diz respeito ao alcance e ao controlo por parte da organização. Os meios próprios da empresa – *owned media* – são aqueles que esta controla totalmente: é espaço dela e onde, naturalmente, a empresa diz o que quer.

Os meios pagos – *paid media* – são, como indica o nome, espaço pago para comunicação *online* ou *offline*. É o espaço dos anúncios e das publireportagens que a empresa controla totalmente, sendo o conteúdo de sua autoria.

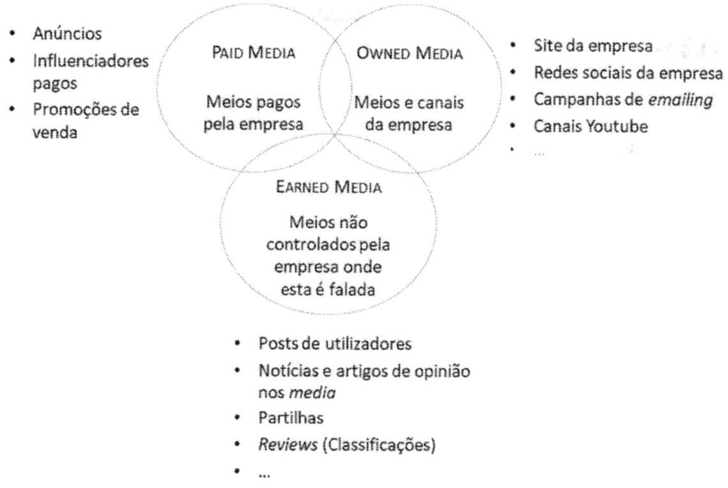


**Figura 29.** Tipologia de canais de comunicação.

Mas o que os canais digitais trazem de novo é o designado *earned media* (o espaço "ganho") onde a empresa e suas marcas pode ser falada, elogiada, criticada, perscrutada, mas que esta não controla de todo. É a voz do público, o WOM (*Word of Mouth*, muitas vezes referido como *word of mouse* porque é, com frequência, na internet que mais se fala de marcas e empresas e onde a capacidade de partilha é maior). Este espaço de grande alcance, mas de pouquíssimo controlo organizacional é, assim, o grande desafio da empresa, obrigando-as a uma constante monitorização e a uma grande transparência de atuação.

### 6.5.3.1. *Desafios da comunicação digital*

A introdução do diálogo na comunicação entre marcas e públicos e entre os próprios utilizadores trouxe novos desafios às empresas, obrigando-as a repensar as suas estratégias de abordagem dos públicos-alvo. A comunicação passa a ser feita pelos próprios utilizadores que são, atualmente, capazes de emitir e partilhar mensagens sem qualquer controlo das empresas.

Os meios digitais trouxeram o controlo da comunicação para os consumidores, obrigando as marcas a uma transparência nunca antes vista. O segredo deixou de ser a alma do negócio, num contexto onde o público pode facilmente escrutinar a verdade da comunicação das marcas, tornando-se, em alguns casos, um contrapoder. Ainda assim, a utilização de canais digitais tem vantagens incontornáveis, nomeadamente ao nível da captação de tráfego para as páginas das empresas e para os seus pontos de venda físicos, permitindo um acompanhamento em tempo real do percurso dos utilizadores.

O aumento do alcance da comunicação é uma das grandes vitórias dos meios digitais: qualquer empresa, por mais pequena que seja e independentemente do sector onde opere, pode agora chegar onde quiser, ultrapassando as limitações físicas. Para além, disso, os custos da comunicação online são tendencialmente muito mais baixos do que os da comunicação feita de forma tradicional. Todavia, a grande vantagem da comunicação digital reside, provavelmente, na sua enorme capacidade de chegar aos públicos que realmente interessam à organização, fruto de uma segmentação mais certeira e, em decorrência, mais eficaz.

A comunicação digital permite abordar todas as formas de comunicação, desde a publicidade às campanhas de relações públicas, passando pelas promoções e pelo marketing direto. Tudo isto, utilizando as funcionalidades próprias dos canais digitais, de onde se destaca a capacidade interativa e a possibilidade de medir com precisão o custo e o retorno da comunicação.

É comum ouvir-se que o marketing digital acrescentou à comunicação objetivos novos como o "*engagement*", a geração de *buzz* e de *leads*, o estímulo da recomendação ou de conversão, mas, na verdade, não se trata de novos objetivos, mas sim de novas formas de medir resultados.

Tal como no *offline*, divide-se normalmente a comunicação digital em função da origem da iniciativa de contacto, isto é, se o contacto nasce do utilizador ou da empresa. Assim, consideram-se no contexto da comunicação digital a estratégia *pull*, quando a iniciativa de comunicação parte dos internautas, e a estratégia *push*, quando é a própria organização a provocar a comunicação com o público.

- Na estratégia *pull* incluem-se as páginas *web*, os *microsites*, os *podcasts* (conteúdos áudio), os *blogs* e as redes sociais, para além da pesquisa em motores de busca (*search marketing*) todas elas configurando acessos que são de iniciativa do utilizador.

- Na abordagem *push*, como se disse, é a empresa ou organização que desencadeia o contacto, como sucede com a publicidade que se torna visível ao internauta quando este navega pela *internet* – designada por *webdisplay* – as campanhas de *emailing*, a publicidade em jogos, conhecida por *advergaming*, ou as mensagens em dispositivos móveis.

**Visibilidade e criação de tráfego para a página da empresa**

Qualquer empresa, tenha ou não venda *online*, tem interesse em aumentar a visibilidade da(s) sua(s) marca(s) e conseguir mais vendas. Para o efeito, é necessário ser encontrada na internet, da mesma forma que uma loja física deve tornar-se conhecida e conseguir visibilidade.

A "encontrabilidade" é um dos grandes objetivos das empresas que têm presença digital. E ela não ocorre por acaso, passando por várias ferramentas, de onde se destaca uma boa posição nos motores de busca que possa facilmente remeter o utilizador para o *site* ou rede social da empresa.

Esta visibilidade pode ser conseguida através de uma boa posição na pesquisa orgânica, isto é, a empresa aparecer nos primeiros lugares da pesquisa, ou através dos chamados *links* patrocinados, que são anúncios que aparecem ao utilizador em função das palavras que este utiliza na busca.

**A pesquisa orgânica**

Os motores de pesquisa são máquinas de respostas às pesquisas do público. O que eles fazem é descobrir, organizar e apresentar conteúdos da internet em função das perguntas (pesquisas) do público. Os motores de pesquisa têm basicamente três grandes funções:

1. Procurar na Internet em busca de conteúdo, examinando o código e o conteúdo de cada URL que encontram. Esta procura é realizada por pequenos *robots*, chamados *spiders* (aranhas) como se vê na figura 30.

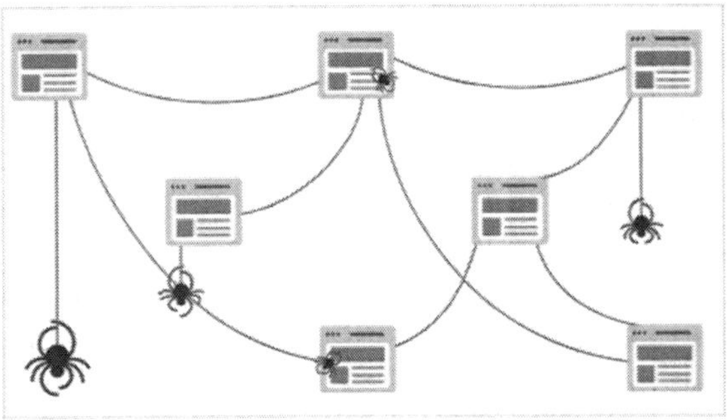

**Figura 30.** Funcionamento dos motores de pesquisa.
**Fonte:** https://moz.com/beginners-guide-to-seo/how-search-engines-operate

Se a página *web*, o vídeo ou a imagem não forem captados nesta pesquisa, não há qualquer hipótese de a empresa se tornar visível ao utilizador.

2. Indexar, isto é, armazenar e organizar esse conteúdo. Uma página que conste deste índice será exibida nos resultados.
3. Classificar e ordenar os resultados, desde os mais relevantes até aos menos relevantes.

Otimizar a posição na pesquisa orgânica é o que se designa por SEO (*Search Engine Optimization*) e consiste em um conjunto de práticas que levam à encontrabilidade de um *site* ou página através dos mecanismos de busca. A sua concretização envolve várias técnicas que passam pela qualidade do conteúdo, pela experiência proporcionada ao utilizador, pelo chamado *link building*, isto é, o esforço de adquirir *links* de outros *sites*, e até pela *performance* anterior da página.

Os benefícios desta otimização são evidentes: geração de tráfego no *site*, criação de *leads* (potenciais clientes), vendas e ainda uma maior influência na decisão de compra, uma vez que muitos internautas credibilizam mais as empresas que lhes aparecem na busca de forma não paga.

Uma estratégia de otimização de motores de busca tem fundamentalmente três grandes componentes que descrevemos aqui de forma não exaustiva (figura 31).

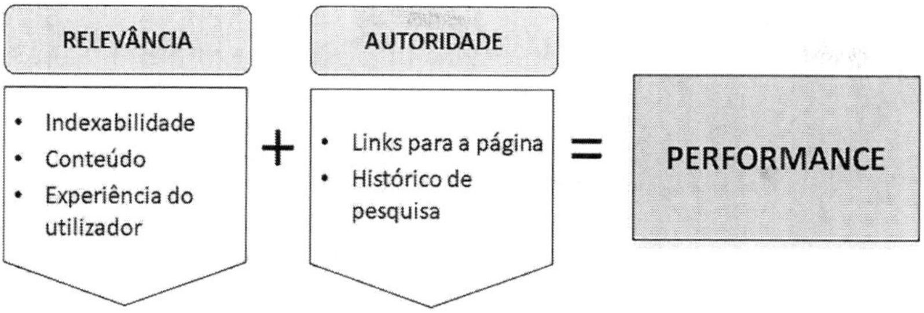


**Figura 31.** Os pilares do SEO.

### A relevância

O primeiro passo para um *site* ficar bem classificado é ser indexado na pesquisa. Ele deve também proporcionar uma boa experiência ao utilizador (ser intuitivo, lógico, fácil de navegar) e, naturalmente, ter bons conteúdos relacionados com a palavra-chave (*keyword*) de pesquisa. E como é que isto se consegue?

Para otimizar a autoridade do *site* é fundamental perceber o que é que os utilizadores procuram com mais frequência – as palavras-chave mais utilizadas. Elas devem ser mencionadas no título do *site*. Outro aspeto importante é otimizar o *layout* do *site* com um *design* interessante, facilmente compreensível e, sobretudo, *responsive*, isto é, otimizado para aparecer corretamente em dispositivos móveis. O *site* deve, ainda, ser carregado rapidamente e favorecer a experiência do utilizador com *links* interessantes, conteúdos relevantes, atualizados e muita interatividade. Para além disto, a ou as *keywords* mais pesquisadas deverão aparecer no início e no meio dos textos, para além de constarem do URL. Títulos, subtítulos e frases concisas e assertivas ajudam a aumentar o tempo de permanência no *site*.

### Autoridade do *site*

A autoridade do *site* é fundamentalmente a reputação que ele tem na internet, calculada não apenas pelo histórico de pesquisas, mas também pelo número e qualidade dos *links* externos que apontam para o *site*.

A utilização de boas palavras-chave pode ser feita com recurso a *softwares* diversos como é o caso do *Keyword Planner*, do *Google Ads*. As páginas *web* devem ser amigáveis (*friendly*), isto é, fáceis de compreender. A sua integração com redes sociais é desejável e reforça a autoridade.

### A *performance* do site

A *performance* depende dos dois componentes anteriores e é ela que decidirá se o *site* fica ou não bem classificado nas pesquisas orgânicas.

### *Links* patrocinados – o *Google Ads*

A outra forma de tornar as páginas *web* mais visíveis é anunciar na rede de *display* do Google que permite criar todos os tipos de anúncios, sejam eles de texto, imagem, vídeos ou interativos, e colocar esses anúncios em *sites* que sejam relevantes para o produto ou serviço da empresa. A principal vantagem é que estes anúncios são exibidos para pessoas que, de facto, podem estar interessadas, uma vez que pesquisam palavras ou expressões específicas (ver figura 32).

O *Google Ads* é uma plataforma muito intuitiva que tem como grande vantagem o facto de exibir os anúncios de forma muito segmentada, sendo possível:

- Exibir os anúncios para internautas que realizam buscas no Google utilizando determinadas palavras-chave;
- Segmentar os públicos por temas e por canais, permitindo que os anúncios sejam exibidos em vários *sites*;
- Escolher o local de exibição do anúncio (motores de busca, *sites* comerciais, *blogs*);

**Figura 32.** Resultados da pesquisa orgânica e *links* patrocinados.

- Escolher a idade, o local ou o idioma dos internautas, bem como programar os dias, horas e frequência da exibição;
- Segmentar por tipo de dispositivos (computadores, *tablets*, telemóveis);
- Acompanhar o alvo que mostrou interesse, mas não comprou, através de anúncios de *remarketing*, isto é, anúncios que "perseguem" o internauta relembrando-o da compra que não converteu.

Por outro lado, com as ferramentas do *Google Ads* o anunciante pode identificar quais são os anúncios que receberam mais cliques e os que não despertaram tanta atenção, podendo alterar o investimento que faz em publicidade.

### Como funciona o *Google Ads*

Todas as vezes que alguém realiza uma pesquisa no Google, é realizado um leilão pela palavra-chave que foi utilizada e são identificados os anúncios que serão exibidos nessa pesquisa (*SERP-Search Engine Results Page*).

O interessante é que, neste leilão, não importa apenas qual é o anunciante que oferece o valor mais elevado para a definição de que vai aparecer primeiro. Na realidade, para esta posição conta o valor máximo que o anunciante está disposto a dar para aparecer (CPC – Custo por clique) mas também o chamado Índice de Qualidade. Assim, mesmo que os lances de um concorrente sejam superiores ao de uma determinada empresa para uma palavra-chave, esta pode, ainda assim, ganhar a corrida se o seu índice de qualidade for melhor.

O índice de qualidade é composto por três grandes componentes:

1. A taxa de CTR (*click through rate*), isto é, o número de vezes que o anúncio foi clicado. Calcula-se, assim, que se o anúncio recebe muitos cliques é porque é bom;
2. A relevância do anúncio, ou seja, a coerência do mesmo face à palavra-chave. Esta classificação tem três níveis: média, acima da média ou abaixo da média;
3. Experiência do internauta da página de destino, conhecida por *landing page* – a usabilidade e o cumprimento das expectativas dos utilizadores na página do anunciante.

É, então, feita uma classificação dos vários anunciantes interessados em anunciar por uma determinada palavra-chave – O *Ad Rank*.

**Investir nas redes sociais – os *Social Ads***

Os anúncios fazem parte das nossas vidas desde há muito. Seja na TV, na imprensa ou em publicidade exterior, a publicidade acompanha as dinâmicas sociais e os desejos mais profundos dos públicos. Assim, os *social ads* surgiram com naturalidade, tanto mais que, devido às funcionalidades das redes sociais, eles podem ser baseados nos dados disponibilizados pelos próprios utilizadores, o que os torna potencialmente mais eficazes. São inúmeras as redes sociais onde uma organização pode anunciar. As que se seguem são, provavelmente, as mais relevantes para pequenas e médias empresas.

***Facebook Ads***

Com mais de 2,4 mil milhões de utilizadores ativos em todo o mundo,[5] o *Facebook* é a rede social com mais utilizadores e uma das mais apetecíveis para anunciar. Para muitas pessoas, inclusive, o *Facebook* é a porta de entrada para a internet, razão por que constitui uma excelente oportunidade para uma organização chegar a um grande número de pessoas.

Para anunciar nesta rede, o requisito é que a empresa tenha uma página (não um perfil) para poder ter acesso ao *Facebook Ads Manager* – o gestor de anúncios nesta rede – que permite criar e gerir anúncios no *Facebook*. Com esta ferramenta[6], é possível criar e publicar anúncios, definir o público-alvo pretendido, definir o orçamento e ver o desempenho dos anúncios.

Esta ferramenta dá também acesso a outras aplicações da família *Facebook* como o *Instagram*, o *Messenger* e as *Stories*. Para cada anúncio é possível escolher o alvo, os locais onde o anúncio aparecerá e o formato de exibição.

A tabela 8 apresenta as principais características desta rede social.

---

[5] Dados de Junho 2019 – https://zephoria.com/top-15-valuable-facebook-statistics/

[6] https://www.facebook.com/ads/manager.

**Tabela 8.** Caracterização do *Facebook*.

| Principais funcionalidades | Tipo de utilizadores | Formatos de anúncios | Formas de segmentação |
|---|---|---|---|
| • Partilha de vídeo, imagens e texto<br>• Vídeo em direto<br>• *Stories* (autodestrutivas) | • Alvo muito transversal com grande tendência para falar de momentos<br>• As gerações mais novas têm vindo a utilizar cada vez menos esta rede | • Texto<br>• Imagens<br>• Vídeos<br>• *Link Ads*<br>• *Lead Ads* (formulários)<br>• *Messenger Ads*<br>• Carrossel (cartões que podem contar uma história) | • Georreferenciação (pessoas que se encontram num determinado círculo geográfico)<br>• Interesses<br>• Bases de dados<br>• *Look alike* (audiências semelhantes)<br>• *Remarketing* |

**Fonte:** Adaptado de Buynast, *et al.* (2018).

### *Instagram Ads*

Os anúncios do *Instagram* podem ser feitos através do *Facebook Ads Manager*, pelo que as possibilidades de segmentação podem beneficiar das informações combinadas entre estas redes sociais (ver tabela 9).

Fazer publicidade no *Instagram* é bom para negócios onde o apelo visual é importante, como é o caso da moda, mas não apenas.

**Tabela 9.**Caracterização do *Instagram*.

| Principais funcionalidades | Tipo de utilizadores | Formatos de anúncios | Formas de segmentação |
|---|---|---|---|
| • Principalmente vocacionada para imagem de boa qualidade e vídeos muito curtos<br>• Filtros para aprimorar imagens<br>• Vídeo em direto<br>• *Stories* (autodestrutivas) | • Rede em notório crescimento, principalmente junto de jovens<br>• Temas mais comuns: *lifestyle*, moda, viagens, experiências aspiracionais<br>• Grande protagonismo de influenciadores | • Imagens<br>• *Stories*<br>• *Link ads*<br>• Vídeos<br>• Carrossel<br>• *Lead Ads* (formulários) | • Georreferenciação (pessoas que se encontram num determinado círculo geográfico)<br>• Interesses<br>• Bases de dados<br>• *Look alike* (audiências semelhantes)<br>• *Remarketing* |

**Fonte:** Adaptado de Buynast, *et al.* (2018).

### *Twitter Ads*

Apesar de ser, ainda, uma rede de nicho, o *Twitter* tem uma elevada incidência nas camadas mais jovens. Nesta rede, que favorece conversas rápidas e anúncios assertivos, é fácil entabular conversas e debates.

Para fazer publicidade nesta rede é possível utilizar o *Twitter Ads* – uma plataforma completa de edição e análise – onde os resultados são apresentados detalhadamente e onde é possível avaliar o retorno do investimento.

A tabela 10 caracteriza sucintamente esta rede social.

**Tabela 10.** Caracterização do *Twitter.*

| Principais funcionalidades | Tipo de utilizadores | Formatos de anúncios | Formas de segmentação |
|---|---|---|---|
| • Mensagens que captam momentos e expressam estados de espírito<br>• Condicionadas em termos de caracteres<br>• *Hastags* (#) permitem indexar conversas | • Varia muito, mas os utilizadores são maioritariamente jovens, tecnológicos, seguidores de líderes de opinião estrangeiros | • *Tweets*, que podem conter cartões com imagens, vídeos, formulários | • Por tópicos<br>• Seguidores de determinadas pessoas<br>• Bases de dados<br>• Por interesses |

**Fonte:** Adaptado de Buynast, *et al.* (2018).

### Métricas de acompanhamento

Nos canais digitais mede-se tudo o que se faz. E tal sucede porque as funcionalidades dos canais online permitem a existência de métricas específicas, que viabilizam o acompanhamento dos leads e dos utilizadores clientes. Como é evidente, este acompanhamento em tempo real facilita a tomada de medidas corretivas.

De uma forma simples, as métricas de desempenho podem dividir-se em três tipos: as de captação de tráfego (anúncios), as relacionadas com o comércio online e as métricas que são específicas de redes sociais e de aplicações.

# O FECHO

Todos os livros têm um fecho, algo que lhes permita acabar de forma positiva. Neste caso, as autoras gostariam aqui de reforçar uma ideia já expressa no início.

Queremos que, após ler este livro, tenha ficado claro que o Marketing é muito mais do que publicidade e que muito do que se diz ser marketing não é marketing, mas sim mentira ou preconceito.

Mas o Marketing, sendo também bom senso, é muito mais do que isso. Existem conceitos, temas e ferramentas que devem presidir ao dia-a-dia de qualquer organização, independentemente da sua dimensão. Não percamos de vista que a dimensão das empresas é um conceito cada vez mais relativo, num mundo onde as barreiras comerciais caíram há muito. Se existe algo que permanece constante é a mudança que se faz sentir nos mercados, nos perfis de consumo e na vida dos consumidores que somos todos nós.

Que este livro sirva, por isso, para aumentar a probabilidade de conseguir evitar a Miopia de Marketing – conceito apresentado por Theodore Levitt (1960) no seu artigo seminal. Se o foco estiver nas necessidades do consumidor, ou seja, na identificação do que o que os consumidores efetivamente precisam ou desejam, não ignorando nem esquecendo qual o setor em que efetivamente estão inseridas, as empresas conseguirão estar preparadas para as mudanças e desafios que o futuro lhes reservar.

**A Miopia de Marketing refere-se à visão limitada das empresas cujo foco e orientação é somente para o produto e não para o mercado e para as necessidades os consumidores.**

Marketing é sobre como a empresa pode ganhar negócios, como encantar clientes, é conquistar-lhes a atenção e a confiança, porque tudo isto gera receita. É criar valor.

Valorize mais as pessoas e proporcione-lhes felicidade para que a viagem perdure!

# GLOSSÁRIO

***Advergaming*** – Publicidade em jogos.

***Awareness*** – Notoriedade de marca é o quanto uma marca é conhecida como pertencente a uma determinada categoria de produtos.

***B2B*** – *Business to Business* – Negócios entre duas empresas, ou seja, o cliente de uma empresa é outra empresa.

***B2C*** – *Business to Consumer* – Negócios entre uma empresa e o consumidor final.

***Banner Exchange*** – São as trocas de banners na comunicação, ou seja, os participantes exibem anúncios em banner em troca de créditos que são convertidos, de acordo com o que foi determinado previamente, em anúncios a serem exibidos em outros sites.

***Brand*** – É o nome ou símbolo que identificam uma oferta, ou seja, a sua marca.

***Branding*** – Gestão de marca, quando a marca se torna uma marca que necessita de uma gestão adequada.

***Briefing*** – Conjunto de informação elaborado pelo anunciante que permite à agência compreender o problema com que o anunciante se debate e resolvê-lo.

***Bundle*** – Conjunto de produtos, de uma mesma marca ou não, que são vendidas juntos na forma de um pacote.

***Consideration set*** – Conjunto de alternativas que são consideradas para avaliação.

***Consumer*** – O consumidor final dos bens e serviços.

***Consumer generated marketing*** – O marketing gerado pelos e através dos consumidores.

***Crowdsourcing*** – Atividades ou tarefas que são *outsourced* (realizadas por agentes externos à empresa) para um grande grupo via uma plataforma digital.

***Customer*** – Pessoas ou organizações que compram diretamente a oferta.

***Earned media*** – Espaço ganho na comunicação digital onde a empresa e suas marcas estão presentes através dos consumidors.

***Ecommerce*** – Comércio electrónico, ou seja, ambiente de compra e venda de produtos no contexto digital.

***Emailing*** – Comunicação enviada para uma lista interminável de contactos de email.

***Empowerment*** – Empoderamento.

***Engagement*** – Envolvimento de forma mais ativa e participativa como a marca.

**FMCG – *Fast moving consumer goods*** – São os bens de compra repetida na qual o consumidor já não avalia muito e se movimenta rápido.

***Focus groups*** – Grupo focal ou reunião de grupo é uma das técnicas para a investigação qualitativa na qual um entrevistador (geralmente o investigador) entrevista um grupo de entrevistados ao mesmo tempo.

***Franchising*** – Sistemas de franquias.

***Free model*** – Modelos livres ou gratuitos.

***GRP – Gross Rating Point*** – Ponto de audiência bruta serve para medir o impacto de uma campanha.

***Inbound marketing*** – Marketing de atração é uma forma de publicidade online para promover a empresa.

***Incentive Marketing*** – É uma ferramenta de incentivo (premiações) às equipes como forma de motivação para alcançarem objetivos definidos pela empresa a qual fazem parte.

***Layout*** – Planta baixa ou desenho de como estará organizada a distribuição dos espaços e ambientes de uma loja.

***Leads*** – São os potenciais clientes de uma empresa.

***Lettering*** – Arte de desenhar as letras. Nos logotipos pode ser o nome da marca escrito com uma letra única que auxiliará na identificação da marca.

***Lowcost*** – Baixo custo, utilizado para produtos com estratégias de preço baixo.

***Marketers*** – Profissionais da área do Marketing.

***Market share*** – A quota de mercado, refere-se à percentagem do mercado representado pelas vendas de uma empresa face ao total de vendas do mercado.

***Marketing Mix*** – O mix de marketing são as ferramentas ou meios disponíveis, através dos quais, uma organização, procura melhorar a correspondência entre os benefícios procurados pelos clientes, permitindo à organização a possibilidade de obtenção de uma vantagem competitiva.

***Millennials*** – Geração de pessoas nascidas entre os anos 1980 até o começo dos anos 2000, também denominada de Geração Y.

***Open content*** – Conteúdo aberto, que pode ser alterado e modificado pelos mais diversos agentes.

***OTS – Opportunity to see*** – Oportunidade para ver significa a frequência da exposição da campanha indicando o número médio de vezes que o público-alvo teve oportunidade de ver a campanha.

***Outbound marketing*** – É um processo ativo de prospecção de clientes baseado no perfil ideal do que a empresa deseja.

***Owned Media*** – Meios próprios da empresa na comunicação digital.

***Paid media*** – Meios pagos para a comunicação digital.

***Pay per click*** – Pagamento por click na comunicação.

***Pay what you want*** – Pague o quanto você acha é uma estratégia de preço na qual o consumidor determina o quanto pagará pelo produto.

***Positioning*** – O posicionamento é o processo de selecionar e fazer corresponder o segmento de mercado à oferta que será mais compatível.

***Press releases*** – Comunicados à emprensa de informações consideradas importantes pela empresa realizados pelas relações públicas.

***Remarketing*** – São os anúncios que permanecem perseguindo o internauta relembrando-o da compra que não realizou, mas que buscou na internet.

***Royalties*** – São ganhos financeiros que uma organização tem devido a um acordo pela exploração da sua marca, produto, entre outros, por outras empresas.

***Search marketing*** – Pesquisa em motores de busca.

***SEO – Search Engine Optmization*** – Optimização da posição na pesquisa orgânica tornando o site ou página da empresa mais fácil de ser encontrado pelos mecanismos de busca.

***Service*** – É o serviço (ou produto), ou seja, a experiência do cliente ou do consumidor quando têm contacto com uma organização.

***Service business*** – É um negócio focado em prestar um serviço aos seus clientes, podendo incluir produtos.

***Shortlist*** – Uma lista reduzida.

***Skimming*** – Preço de desnatação.

***Slogan*** – Assinatura de marca que pode vir associado ao logotipo. Ajuda a comunicar o posicionamento da marca.

***SRP – Service Recovery Paradox*** – Paradoxo da recuperação de serviços devido à uma falha na sua prestação.

***Storytelling*** – Contar histórias é um termo utilizado para comunicação quando a empresa conta uma história (a sua própria história ou de uma campanha específica) para o consumidor que geralmente é emocional.

***Target*** – É o segmento-alvo, isto é, um indivíduo ou conjunto de indivíduos que constituem o objeto de uma ação pretendida.

***Targeting*** – É a seleção do(s) público(s)-alvo com interesse para a organização, sendo uma das fases da segmentação.

***Top of mind*** – É a marca que vem primeiro à mente, de forma espontânea, quando considerada uma determinada categoria de produto.

***Touch Point*** – pontos de encontro entre marca e cliente.

***Value proposition*** – A proposta de valor refere-se aos benefícios ganhos pelo cliente através da oferta adquirida.

***Webdisplay*** – Publicidade realizada no digital que se torna visível ao internauta quando este navega pela internet.

***Word of mouth*** – Passa palavra, ou seja, quando as pessoas de forma voluntária expressam a sua opinião face à uma empresa, marca ou produto para outras pessoas.

***Word of mouse*** – É a versão contemporânea do *word of mouse,* utilizada no contexto digital.

***ZMOT – Zero Moment of Truth*** – Momento zero da verdade corresponde à busca de informações pelo consumidor no ambiente digital.

# BIBLIOGRAFIA


Aaker, D. A. (2001). *Strategic market management*. New York, John Wiley.

Aaker, David A. (1991). *Managing Brand Equity. Capitalizing on the Value of a Brand Name*. New York, Free Press.

Bitner, M. J., Booms, B. H. e Tetreault, M. S. (1990). The service encounter: Diagnosing favorable and unfavorable incidents. *Journal of Marketing*, 54(1), 71-84.

Buynast, A., Lendrevie, J., Lévy, J., Dionísio, P. e Rodrigues. J. (2018). *Mercator 25 Anos – o Marketing na era digital*. Lisboa, Ed. Dom Quixote.

Cova, B., e Cova, V. (2002). Tribal marketing: The tribalisation of society and its impact on the conduct of marketing. *European Journal of Marketing*, 36(5/6), 595-620.

Exame. (2016). Crianças têm grande influência nas decisões de compra. https://exame. abril.com.br/tecnologia/criancas-tem-grande--influencia-nas-decisoes-de-compra/ in 23 de agosto de 2019.

Expresso (2018). Apenas 1.300 empresas são responsáveis por 42% da faturação em Portugal in https://expresso.pt/economia/2018-11-30-Apenas-1.300-empresas-sao-responsaveis-por-42-da-faturacao-em-Portugal, acedido em 23 agosto 2019.

Grönroos, C. (2000), *Service Management and Marketing: A Customer Relationship Approach*. Chichester, U.K., Wiley.

INE https://www.ine.pt/xportal/xmain?xpgid=ine_main&xpid=INE.

Jornal de Negócios.(2018). Vendas de carros de luxo disparam em 2017. In https://www.jornaldenegocios.pt/empresas/automovel/detalhe/venda-de-carros-cresceu-em-2017-ao-ritmo-mais-baixo-em-cinco-anos acedido em 23 agosto de 2019.

Lafatshionista https://www.lafatshionista.com/

PORDATA https://www.pordata.pt/

Kotler, P. (2000) *Marketing Management: The Millennium Edition*. Upper Saddle River, Person Prentice Hall.

Kotler, P. e Keller, K. L. (2013). *Administração de Marketing*. 14ª ed., São Paulo, Pearson Prentice Hall.

Kotler, P., Kartajaya, H. e Setiawan, I. (2016). *Marketing 3.0*. Lisboa, Editora Actual.

Lencastre, P. (2007). *O livro da Marca*. Lisboa, Ed. Dom Quixote.

Levitt, T. (1960). Marketing Myopia. *Harvard Business Review*. July-August, 45-56.

Lovelock, C. H. (1983), Classifying Services to Gain Strategic Marketing Insights. *Journal of Marketing*, 47(3), 9-20.

Lusa. (2017). Vendas de chocolates vão ultrapassar 200 ME este ano animadas pelo consumo no Natal. In https://www.lusa.pt/article/23349438/vendas-de-chocolates-vão-ultrapassar-200-me-este-ano-animadas-pelo-consumo-no-natal acedido em 23 de agosto de 2019.

Maslow, A. H. (1943). A Theory of Human Motivation. *Psychological* Review, 50(4), 370-396.

Maxham, J. G. e R. G. Netemeyer (2002). A longitudinal study of complaining customers' evaluations of multiple service failures and recovery efforts. *Journal of Marketing*, 66 (4), 57-71.

McDonald M., Frow P., e Payne A (2011). *Marketing Plans for Services: A Complete Guide*. 3rd ed. Australia, Wiley.

Meios e Publicidade. (2018). Quanto vale, o mercado da cerveja em Portugal? http://www.meiosepublicidade.pt/2018/07/quanto-vale-mercado-da-cerveja-portugal/ acedido em 23 agosto 2019.

Osterwalder, A. e Pigneur, Y. (2011). *Criar Modelos de Negócio*. Lisboa, Ed. Dom Quixote.

Porter, M. E. (1996). What is Strategy? *Harvard Business Review*, 74(6), 61-78.

Scaraboto, D. e Fischer, E. (2013). Frustrated Fatshionistas: An Institutional Theory Perspective on Consumer Quests for Greater Choice in Mainstream Markets, *Journal of Consumer Research*, 39(6), 1234-1257.

Singh, J. (1988), Consumer Complaint Intentions and Behavior: Definitional and Taxonomical Issues, *Journal of Marketing*, 52, 93-107.

Soares, R. R., Zhang, T. T., Proença, J. e Kandampully, J. (2017). Why are Generation Y consumers the most likely to complain and repurchase?, *Journal of Service Management*, 28 (3), pp.520-540.

Stone, B. (1984). *Successful direct marketing methods*. 3.ª Ed., Crain Books.

Trout, J. e Ries, A. (2000). *Positioning: The Battle for Your Mind*. Europe, McGraw-Hill Education.

Zeithaml, V. A., Bitner, M. J. (2000). *Services Marketing: Integrating Customer Focus across the Firm*. 2ª Ed., New York, McGraw-Hill.